当代艺术
与
美国儿童
美术教育

顾菁 著

复旦大学 出版社

■ 顾菁《童年魔方》(Childhood Rubik's Cube)

体现儿童游戏性和世界多元性的当代艺术教育

王振宇[*]

顾菁女士继出版《在美国幼儿园上美术课》一书后,又推出了新作《当代艺术与美国儿童美术教育》。美术教育是艺术教育的主要形式之一,是人文教育的主要内容。我通读了新作,认为本书阐述了美术教育中的儿童游戏性和世界多元性这两个重大主题。

一、美术教育中的儿童游戏性

无论是生活经验还是儿童发展的科学研究都表明,儿童具有亲近图像和热衷涂鸦、绘画的天性。这与儿童的表征能力发展具有直接的联系。30—36个月的婴儿,已经具备了惊人的表征能力,他们已经认识到图像与它表征的物体之间的相似性和差异性。4岁的幼儿开始认识到图像既是一个实体,又具有符号性,心理学称之为双重表征。这为儿童认识世界提供了潜力无穷的心理能力。图像能表达文字表现不出来的特性。在儿童的符号系统的发展中,图像是实物的表征,也是儿童头脑中形象的重要来源(形象的另一个更为重要来源当然是儿童亲自经历过的实物和环境)。儿童掌握形象和获得语言,是获得人类的两大符号功能。在幼儿阶段,具体形象是整个心理活动,包括注意、记忆、想象、思维的本质特性。到了一定的年龄之后,以概念为中心的抽象逻辑思维才开始占据主导地位。但即便如此,形象依然是最常用的、最醒目的、最便捷的和最富情感色彩的认知工具。

---

[*] 王振宇,华东师范大学学前教育系教授、博士生导师

儿童绘画，是儿童心理发展水平和特点的形象表达。以往的学者在研究儿童绘画的发展时，往往秉承"朝向现实主义的缺陷和发展"的传统，把儿童画说成是在画"自己知道的东西而不是看到的东西"。但许多对儿童持积极态度的学者——我称他们为儿童的"同情派"——认为，"儿童的绘画艺术有它独特的美，而不是儿童能力发展不完善的一个标记"，"儿童绘画不是现实主义表达的失败而是试图在纸上解决三维世界的问题所作出的心智努力"（Arnheim R. 1974）。这种观点为我们理解儿童画提供了新视角，最主要的是让我们认识到，儿童绘画是一个探索世界、解决问题的过程。这就决定了儿童绘画的游戏性。就实质而言，人类的艺术与儿童的游戏是极为相似的，儿童绘画与儿童游戏更是紧密相连的主动活动，它们的共同特点是：都是一种起源于自发冲动的本体活动，都是重在过程的无功利活动，都是需要高度发挥创造力的创造性活动，都是寻求身心愉悦的自由活动。孔子最早提出"游于艺"的主张，说的是熟练掌握各种技艺（礼乐射御书数），就能达到如同游戏的自如水平。从美学的高度最早将游戏与自由和美相联系的是德国哲学家席勒；我国的先哲王国维、宗白华、蔡元培、朱光潜等也都诠释和论述过这个观点。按照游戏的特点和游戏的方式开展儿童绘画，才是最有趣和最受欢迎的活动。我想，任何一位读者都会从本书中读出这一要义。而真正理解这一点，才是改进我国社会中普遍存在的美术教育功利化、刻板化、技法化倾向的起点。

二、美术教育中的世界多元性

美术教育是培养审美观、熏陶人的情感、滋养人的精神的教育。对于儿童来说，就是培养他们探索环境和表达自我的视觉语言的能力。这种视觉语言也必然随着艺术实践的丰富而丰富。我们知道，1980年代以来，全球的政治事件、社会问题、社会关系、社会思潮、科技发展、大众传媒、信息爆炸、流行文化、资金流通等因素，激发出艺术家无穷的激情和目标，催生了令人目不暇接的艺术形式和艺术内容。其中，最具影响力的是后现代主义和后结构主义的思潮。后现代主义否定了传统艺术的范畴（如美、和谐、理性、本质等等），拒绝承认文化形式的纯粹性，反对单一性，主张文化应该异质多样、兼收并蓄，主张多元性，承认所有的视觉语言和艺术风格都是正当的，有效的。后结构主义认为，任何符号系统，包括语言的深层结构都不是固定不变的，任何文本的含义也不是单一的、标准化的，它随着不同读者的解释而产生不同的意义。艺术范畴之间的界限也开始变得模糊不清，而艺术的基本要素开始相互混合重组。这种思潮同样波及学前教育界。著名的瑞吉欧课程模式提出的"儿童的100种语言"就是一个案例。瑞吉欧的学者们宣称，他们的教育取向就是"有系统地着重于符号的呈现，以培养幼儿的智能发展，老师鼓励幼儿经由他们随手可得的'表达性、沟通性及认知性语言'来探索环境和自我表达"。这些语言包括文字、动作、图形、绘画、建筑、雕塑、皮影戏、拼贴、戏剧或音乐等。当代艺术突破了传统艺术的理念、形式和技法，更是为儿童美术教育提供了广阔的天地和丰富的语言，提供了一种有意思的想法，一种思维渠道，一种创造方式，这也恰是当代艺术引入幼儿美术教育的价值所在。将当代艺术引入儿童的美术课堂在国内还很少涉足，在美国也是新近才开始探索，本书作者对散见于美国校外机构将当代艺术引入儿童艺术教育实践进行了大量细致的观察，并在自己的儿童美术教育工作室中做了创造性的实践，基于对当代艺术教育运用于儿童美术教育的理论思考，最终精心编写成20个课例，详尽、生动地为我们展示出美国儿童美术教育的课程设计、教学环节、师生互动和教学效果，让我们体会到世界的多元性和艺术的开放性，引导幼儿利用多种媒介进行创意表达，从多角度、多维度启发孩子的创新思维。

三、通过儿童画，我们学到了什么

本书所展示的当代艺术与儿童美术教育的20个课例，向我们打开了一扇认识儿童的大门：儿童能很好地接受现代艺术的理念和手法。儿童在理解现代艺术时表现出非凡的领悟能力和无穷的乐趣。可以说，儿童距离现代艺术比我们成人要近得多。发展心理学家早就发现，婴儿在解读图画时不需要成人特别的帮助。4—7岁的儿童对抽象美术作品和现实主义作品的喜欢程度上没有差别。儿童在绘画过程中的直觉和非理性的表达方式，与当代艺术的许多表现形式是相通的。正如当代艺术家徐冰先生所言，真正的现代艺术，和孩子们原发的艺术创造是有关系的，是朴实的，因为孩子没有顽固的文化观点，他们对现代艺术是很容易接受的，倒是一些成年人显得顽固不化。而且孩子有一种对材料的想象力，有对接、摆放的兴趣。儿童美术教育除绘画之外，如手工，其实和现代装置艺术是很相似的。儿童画是儿童看世界的方法，是儿童宣泄情感的有效途径。儿童画的稚朴、天真、大胆、创意和充满情感、张扬个性，也是令成人动容的。儿童对美术材料的宽容态度、接受能力和运用技巧，同样是成人的楷模。儿童对创作过程的认真自信和对创作成果的豁达无为，更是成人的学习典范。因此，儿童画成了许多当代艺术家创作灵感的源泉。毕加索的话最集中地表达了他对儿童画的敬畏和推崇。他说："我14岁时就能画得像拉斐尔一样好，此后我用一生去学习像小孩子那样画画。"我理解毕加索所说的"像小孩子那样画画",不是简单的形状扭曲、线条粗陋、颜色夸张,而是学习儿童画的纯朴、奔放、宽容、不拘一格的创意的自由精神。我国的儿童绘画教育,最需要这种纯朴、奔放、宽容、不拘一格的创意的自由精神。只有这种自由精神,才会培养出有创造力的时代新人。

本书的可贵之处也在于贯穿于整本书的创新意识。如尽管使用各种现成材料进行拓印的美术方法并不新鲜,但"图章画"这样的概念好像是作者第一次明确使用(见本书第15课)。但图章画与拓印有相似之处却又有所不同,前者强调的是图形产生的方法,而后者强调将生活中常见的各种印章作为一种视觉符号用于创作。现在的视觉信息、视觉刺激、视觉元素特别多,表达手段、传递手段也很丰富,将生活元素纳入视觉艺术对活跃幼儿的思维以及与事物的连接能力很有价值,类似于"图章画"这种工具和材料方面都很方便的艺术形式,在幼儿进行创作实践时,也改变了他们看世界的方式和对艺术语言的潜在理解。值得一提的是,作者在图章画一课中用了自己的绘画作品作为范画,初看之下缺少依据,且有与世界著名艺术家平起平坐之嫌,但这里也恰恰体现了当代艺术中敢于创新的自信与平等精神。

本书的可贵之处还在于顾菁女士发表了《当代艺术在美国儿童美术教育中的运用》的论文,详尽地介绍了当代艺术发展的特点以及美国儿童美术教育的价值取向,为我们阅读和借鉴提供了必要的框架。儿童的本性是天真,艺术的本性也是天真。因此,"在儿童身上集中着人类精神的本源:

儿童的执着,表现着人类的实验精神,

儿童的浪漫,体现着人类的艺术精神,

儿童的率真,反映着人类的道德精神。

在儿童清澈的眼眸中,闪烁着科学家的敏锐、艺术家的热情和哲学家的简洁。

我想,所谓成熟,不过是重新体验儿时游戏的认真态度和重新审视儿时积累的早期经验"(引自:王振宇.学前儿童发展心理学[M].北京:人民教育出版社,2015)。

所谓艺术,同样也是重新体验儿时游戏的认真态度和重新审视儿时积累的早期经验。

诚如徐冰先生所言,"很多的现代艺术家都像大孩子。美术教育和现代艺术有一种十分自然的联系,这种自然的联系,大有文章可做。当然,现代艺术也有很多弊端和问题,我们应当取其有益的部分为美术教育所用"。我相信,这本新书的问世,一定会在我国的儿童美术教育界带来一股清风,开拓一条新路,培养一代新人。

和孩子一起欣赏我们时代的艺术

顾 菁

当我们走进当代艺术博物馆,你一定会发现一些有趣的现象,有很多艺术家不断发明新的方法进行艺术创作,一方面这些艺术家会使用油画颜料、油墨、大理石和青铜等传统材料,而更多的时候他们还会用一些意想不到的材料,如大象粪便、打碎的汽车零件、巧克力和猪油等来创造新的作品,甚至有的艺术家穿上演出服亲自参与表演。但当我们走出博物馆后,却感觉一阵困惑,刚才那个大红大绿的涂鸦是什么?一堆废铁又怎能算是雕塑,几根稻草也能价值连城——?完全是瞎搞啊。

这时我们就想对美术有进一步的了解,但我们的了解主要还依赖于美术史论,而如今国内的中外美术史都较少涉及对当代美术的介绍,中国美术史通常讲到清代、民国和建国前后,"文革"及当代,在2013年底才出版了一本《中国当代艺术史1978—1999》,外国美术史更是不提现当代,比如油画,外国美术史主要研究的还是俄罗斯巡回画派及西方十八、十九世纪到印象派。不仅美术史较少涉及当代,绘画技法也不研究当代。而且文化艺术是一个整体,所以美术的审美和精神是在各艺术门类里,而不仅仅只是在绘画里。另外,各门艺术门类之间差异之遥远、个性之丰富,足以同生物学与哲学之间的差异相比拟。

任何教育都离不开特定的社会形态、时代特点和文化背景,就像各个时代的艺术是其相对的文化和时间段的产物。今天的美术发展与十年前或二十年前已有很大的区别,美术作为视觉艺术的基本原理没有变,但是它的内涵和外延、创作理念、形态表现技法和媒材都在变化,有些变化是巨大的。不了解这些变化,是很难进行美术教学的。美国的艺术教育就特别重视与时俱进,如1994年版的美国国家艺术课程标准就已经指出,尽管每一种艺术类别的本质是不变的,但艺术教育的课程标准也应该随着科技创新、文化潮流和教育进步的变化而做必要的调整。我想，这句话为儿童美术教育结合当代艺术的最新思潮提供了最好的注解。

懂得和实践艺术是促进儿童思维和心理健康发展的重要途径。正如美国国家核心艺术课程标准从哲学高度对艺术教育价值的阐述：艺术是重要且有效的交流手段，在今天的多媒体社会，艺术提供了传递和表达个人经验独特的符号系统和图式；艺术是创造性地实现自我的方式，以创作者、表演者或观众任何一种角色的参与都能使个体发现和发展他们自己的创造能力，因此是终身幸福感的源泉；艺术可以连接文化与历史。艺术为个体和群体提供了表达观点、经验、感受和深度信念的重要途径，通过艺术我们可以更加了解本民族文化和其他社会的文化；艺术是参与社区生活的手段，当人们与社区成员一起创作、准备和分享作品的时候，艺术在一个愉悦、包容的环境中为个体提供了与他人合作和连接的途径。可见，艺术与教育密不可分，甚至可以说艺术本身就具有强大的"教育"功能，缺乏儿童美术教育的教育是不完整的教育。此外，在这个充满困惑的当代社会里，真正的艺术教育还有助于孩子们探索、理解、接受和运用模糊性和主观性的事物。如同生活，艺术中往往不存在明确的或"正确"的答案。而这一点正是艺术追求的价值所在（如：这幅画中的太阳是否太红了？）。

我们以前常说，艺术来源于生活，这话本没错，但是不能误解，以为有了生活，就会有艺术，艺术无处不在。我们从生活中学习艺术，但是生活人人都有，却不是人人懂得艺术。所以陈丹青讲艺术从哪里学，艺术就是从艺术中学，从经典中学。因此这些年来，我参观了美国各地几十个享誉世界的博物馆和美术馆，了解不同时期，特别是现当代艺术家们不同的艺术风格和表现技法。完成这本书对于我来说又是一次学习经历。在我的书桌旁，传统的、古典的、通俗的和当代的艺术形式之间是怎样互相影响，它们的艺术来源是什么，当代艺术创作、无视观众和艺术条款是否已是一个明显的现代理念，世界级的现当代艺术家有哪些，这些问题我思考了一遍又一遍。一句接一句，一篇接一篇，一位大师接一位大师，我每分每秒都在仰慕着，仰慕着他们的天赋、眼光、学养、精力、恒心、勤奋。同时，我也惊讶于自己从前对这些懵然无知，而更多人至今还是漠然处之。我在这一番仰慕和惊讶中知道了艺术的归属，不可抗拒地成了大师们的小学生。所以在接下的每章节中，我有意展现出一条从现代艺术过渡到当代艺术的清晰路线，让我们对今天的艺术有一份更深入、更愉悦的感知，并一起欣赏我们自己时代的艺术。

这些年来，我还经常去美国的幼儿园、小学学前班和低年级担任美术助教。每到周末和暑假我都会到博物馆和美术馆举办的幼儿美术活动和美术夏令营观察体验。在自己的美术工作室里，在一群美国孩子的身上我也实践着我的美术教学新思路。每次回国的时候，和学前教育的同行们交流聊天时，我经常听到一些幼儿园老师抱怨,说给幼儿上美术课不知道教授孩子什么,每天是想到什么就教什么,比如昨晚吃了螃蟹,今天就让孩子上课画螃蟹。所以在这本书中,我想先从欣赏当代艺术大师的作品开始,让大家一起去关注和研究大师的观念、风格、精神、创作手法和技术。再通过翔实的创作步骤图和学生作品照片,直观地介绍不同主题不同门类的艺术作品的创作过程和方法,这将是一个从直接的视觉感受到对符号和背景进行思考的过程。我相信其中涉及的技能技巧有助于提高老师对美术知识、技能的传授与儿童创造力培养之间关系的把握。因为缺乏基本艺术知识和技能的儿童美术教育是不能称为真正的儿童美术教育。如果让孩子们一味放任自流地涂鸦画画,孩子们无法掌握基本的技法,创造能力同样难以得到发展。我相信善于学习的老师在阅读的过程中会有自己的判断、合理取舍、巧妙借鉴,让孩子们期待着去幼儿园和学校,去体验创造带来的兴奋感。

在本书出版之际,我要衷心地感谢我的前辈、领导,华东师范大学学前与特殊教育学院的博士生导师王振宇教授,在如今现实的社会里,一个还想学习的人也许只能在校园内才能得到某种程度的辅育和保护,而我已离开校园很久,却还能得到他对后辈的宽厚和包容、发掘和提拔,让我深深地感动于一位心理学家、教育家的谦虚满怀、爱心无边。

借此,我还要感谢复旦大学出版社的谢少卿女士,正因为她是一位非常善于敏锐地发现和欣赏作者的好编辑,我才有第一本书《在美国幼儿园上美术课》,在她的鼓励下,我再接再厉又完成了现在这本书。这一切使我想起了著名的英国艺术史学家贡布里希和他举世闻名的《艺术的故事》这本书。他能完成此书,在很大程度上归功于一位出版社的创始人——霍洛维茨。二战前夕,贡布里希用德语写出了这本书的小部分章节,但在后来烽火连天的岁月里,他无暇动笔,并对此书能否完成心灰意冷。但是霍洛维茨给了贡布里希50英镑的预付款,并一再敦促他完成此书。贡布里希以无法完成为由要退回这50英镑,但霍洛维茨坚决不肯拿回这钱。贡布里希没有办法只有在艰苦的环境中完成了这部巨著。事后,他非常感激这位聪明的出版人,没有他的投资和眼光,这本书是不会问世的。《艺术的故事》至今已被翻译近40种语言,传遍了世界各地,也改变了作者的人生。拙作当然不敢与《艺术的故事》相提并论,但我和贡布里希一样幸运,都是遇见了一位好的出版人。

我还要感谢我的弟妹刘晓燕博士,谢谢这些年来她给我的著作提的宝贵建议。也许这些建议和意见对于她来说只是信手拈来,却让我茅塞顿开,受益匪浅。

最后,谨以此书献给我亲爱的读者们,人的一生,陪在一起走路的人很多,但有的路程,只需短短一截,便已成为朋友。

■ 妮基·桑法勒《蛇树》《玉米植物园》《娜娜喷泉》
(Arbre serpents)(Fontaine aux Nanas)(Jardin des Tarots)
这位出生于法国,20世纪最受欢迎的流行艺术家,她的作品色彩鲜艳、俏皮可爱,散发着女性的自信和欢乐的魅力,看到它们,你是不是也情不自禁地笑了?

目 录

导　　言　当代艺术在美国儿童美术教育中的运用 / 001

第 1 课　画抽象花——画得不像又何妨 / 013

第 2 课　玩波普——不用画笔也能画 / 021

第 3 课　卡通画——我是小小的罗伊·李奇登斯坦 / 029

第 4 课　回收与创作——我喜欢综合材料（Collage）/ 035

第 5 课　绘画与文字——我喜欢文字的排列 / 043

第 6 课　留下我的记忆——小画家＆小心理学家 / 053

第 7 课　泼彩画——我也是行动画派 / 059

第 8 课　新人物画——我也是艺术大师 / 067

第 9 课　新风景画——这可不是儿童画 / 075

第 10 课　新临摹画——玩游戏学画画 / 083

第 11 课　摆玩偶玩摄影——我是小小的摄影家 / 091

第 12 课　写实雕塑——玩 3D / 099

第 13 课　纹样可以这样画——"啪登"的秘密 / 105

第 14 课　波普雕塑——自己做自己的"手" / 113

第 15 课　图章画——盖图章真好玩 / 119

第 16 课　拓印画——我又废物利用 / 125

第 17 课　抽象画——表现我自己 / 133

第 18 课　手指画——小小行为艺术家 / 139

第 19 课　玩装置——这可不是做手工 / 145

第 20 课　画中画——难以置信的画 / 151

■ 周啸虎《反蒙太奇·党同伐》(Against Montage-Intolerance)

导 言

当代艺术在美国儿童美术教育中的运用

艺术是人类以情感和想象为特征来把握和反映世界，表现对世界及自身看法的一种特殊方式。艺术往往是时代变迁的动力，它以新颖的视角向旧的观念发起挑战，或者对人们熟悉的观念做出独创的阐释。美术是指运用一定物质材料通过构图、透视、用光等不同艺术手段在一定的空间区域塑造直观可视的平面形象或立体形象的艺术，它是反映社会生活和表达艺术家思想感情的一种艺术形式。所以一般说来，艺术是广义和广泛的概念，美术是狭义的，仅是艺术的表达形式之一。古今中外美术的种类丰富多彩、千变万化，而随着社会的变迁、艺术思潮的改变、科技资讯的快速发展、新式样的层出不穷，当代艺术则以其多元化趋势形成一股不可抵挡的潮流。笔者期望通过探讨当代艺术对儿童美术的影响，再借此推论儿童美术创作表现的可能性及多样性，以促进儿童美术教育的多元发展。

一、当代艺术与儿童美术

"当代艺术"这一概念在时间上指的是今天的艺术，内涵上也主要指反传统的，具有现代精神和语言的艺术。《牛津20世纪艺术词典》中关于"当代艺术"的词条描述是："当代艺术是对艺术的一种并不精确的定义，它只是最近才被创造出来，而且具有一种现代精神。"由于"现代艺术"的提法容易与过去的"现代派艺术"混淆，同时"当代艺术"不仅体现"现代性"，还体现艺术家每时每刻对社会生活的感受，今天的艺术家的作品是对全球环境、多元文化、技术进步等多方面的回应。所以"当代艺术"的提法被普遍使用和认可。

在美术史上，现代（Modern）和当代（Contemporary）两个词既存在很大的差异，又紧密相连，虽然有人还认为这两个词可互相取代。

其实现代美术的创作流派与风格指的是流行于20世纪20、30年代，代表阶段性的产物，一直到30、50年代，80、90年代后依然可以叫现代美术。而"当代"一词用来形容时下流行的事物，是个随时都在改变的术语。若干年后，"当代"风格可能就与今天截然不同了。比如20世纪初，一些艺术家从代表现实性和对人物真实的刻画中转身离去，慢慢走向抽象。二战结束后的纽约艺术世界提出了"抽象表现主义"来描述一场艺术运动，但"抽象表现主义"既不是完全抽象，也不是表现主义。艺术家也更加重视的是艺术创作的过程而非最终作品。比如像杰克逊·波洛克这样的艺术家带来的艺术创作，以舞蹈似的姿态让油漆随意滴落，正如一个评论家指出，波洛克的画布成了他的舞台。抽象表现主义作为一个事件的出现，极大地影响了随后的艺术运动，对当时教育改革的领导者杜威、布鲁纳和他们带领下的一大批美术教师也产生了很大的影响，深刻地影响了当时的儿童美术教育，并继续激发今天艺术家的创作灵感。当代艺术家的后现代主义运动是拒绝主流艺术，艺术思潮开始走向表达、反形式主义、没有次序的、不定性的表现主义，并对"艺术多元化"各种艺术的意图和风格予以接受。无论是直接或间接的行为艺术、波普艺术、极简艺术、观念艺术或视频，当代艺术家从无限的材料、来源和样式创造艺术。正因为如此，所以有时很难简单地总结当代艺术家们所使用的概念和材料的复杂性。

时光回到19世纪末，西方美术史发生了巨大变化，现代主义开始出现，当时很多艺术家们将目光投向人类的历史，开始从原始艺术、土著文化、民间艺术和儿童画中寻求灵感，这些现代艺术家们不仅认为儿童的美术是艺术，甚至一些大师对儿童的艺术状态和艺术作品的思考达到痴迷的程度。他们认真地研究儿童画里不规则的形状、粗陋幼稚的线条、夸张的颜色，因为他们想从儿童那里重新获得天真、稚拙、纯朴的内在气质。如今儿童美术作品对于当代艺术的影响更是不言而喻。当代艺术一些流派追求死亡、暴力、恐怖对立与活泼、可爱、天真这两种极端美术，使得当代许多艺术家从儿童画中得到灵感，希望保持一种小孩看世界的方法。一些画家在自己作品中以孩童形象提出了人生的永恒质疑，如"人何以为人""快乐童年真能造就快乐的大人吗"，并从自己幼年的记忆中获得灵感。如今艺术市场上"萌"派作品何其多，似乎都跟风似的童话味十足。可见，当代艺术与儿童艺术之间存在的某种内在关联性。

二、当代艺术主要流派

（一）达达艺术

达达艺术是第一次世界大战后颠覆、摧毁旧有欧洲社会和文化秩序的产物，在法语中"达达"的意思是儿童玩耍用的摇木马。

达达主义认为对艺术与生活的要求是应该破除现代主义的"为艺术而艺术"的主张。允许艺术不分高下的品位，并注重表现自己的内心世界和主观感情，重视直觉和下意识活动，反对西方学院派的造型规律，试图摆脱传统的束缚，所以客观的形式不再重要，强调生活性的内容等。并像儿童一样，把美术创作当作游戏一样，只注重过程，不看重结果。1917年美国的杜尚开始以现成品进行自己的艺术创作，发表了著名的作品《泉》，他将一个写有"R.Mutt"字样的小便池送进美国独立艺术家协会展览，即刻引起了轩然大波，正当纽约艺术圈哗然时，一位收藏家颇有预见性地指出："一个动人的形式发现了。"从杜尚以后，艺术便不断从传统的材料和主题中解脱出来，越来越多的艺术家开始用看似与艺术毫无关系的材料创作，也意味着艺术的创作将不断由单纯的形式表现转向深层次的观念探索。

确切地说，达达主义并不是一个完全成熟的文艺流派，而是一种过渡状态的文艺思维，即艺术理念不具有很大建设性，而是建立在对旧秩序的毁灭的基础上，但正因为达达主义激进的破旧

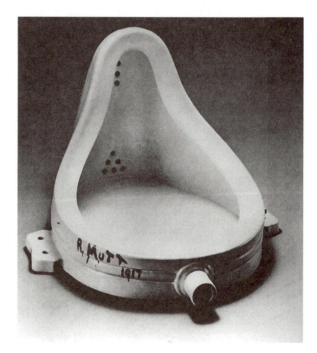

■ 杜尚《泉》（Fountain）

立新观念，20世纪大量的现代及当代艺术流派得以借鉴并长足发展，艺术的创作也勇敢地改变及突破传统的限制，让艺术的想象空间更大更自由，如果当年没有达达主义者的努力，今天的当代艺术是很难实现的。

（二）波普艺术

诞生于20世纪50年代的波普艺术（Popular Art）在抽象艺术为代表的现代主义之后开启了当代艺术的新阶段。英国艺术家汉密尔顿的拼贴作品《今天的生活为什么如此不同，如此富有魅力？》被认为是第一件真正意义上的波普艺术作品，标志着波普艺术的产生，所以波普艺术于1961年起源于英国。第二次世界大战后，年轻一代的艺术家逃避后都市文明的压力，反对机械化开始关心生活中的通俗文化，把生活中大家所熟悉的形象表现出来，让艺术雅俗共赏，并让人觉得艺术并不是那样高不可攀，波普艺术表现的就是"大众文化"。

此后，"波普"开始在欧美国家及地区盛行，其通俗、荒诞、幽默等特点受到大众的欢迎。波普艺术家们在创作时追求直觉、非理性、排除逻

■ 理查德·汉密尔顿《今天的生活为什么如此不同，如此富有魅力？》（Just What Is It That Makes Today Is Home So Different, So Appealing）

辑干扰的表达方式与儿童画在非理性、直觉方面是相通的，两者都有强烈的主观成分。他们都是典型的"艺术来源于生活"，就像美国著名的波普艺术家安迪·沃霍尔说的，"所有的事物都是美丽的，波普就是所有的事物"。最后波普艺术家也像儿童画画一样运用平面构图，采用儿童画中经常用到的鲜艳的颜色将画面平涂的手法。因为儿童画画不讲究什么"透视""解剖""构图"。

（三）录像艺术

录像艺术也叫视频艺术，通过创造性地利用视频技术产生，可以在电视屏幕上观看的一种艺术形式。20世纪60年代，因为电视机和摄像机的逐渐普及，艺术家开始摆脱昂贵的胶片，大量使用视频和录像技术来重新定义艺术。通过录像艺术，许多艺术家都喜欢挑战先入为主的艺术概念，将视频作为艺术的变革工具、思想的媒介。这些艺术家提升了艺术创作，超越了艺术本来只看重作为一个漂亮的产品概念的过程。不断发展的录像艺术又结合有声视频、音乐和其他交互式组件形成了录像装置作品，观众也被要求作为参与者，以这种方式观众也成了艺术作品的一部分。艺术家们深刻地运用了电视和互联网媒体的力量，从而向观众又打开了一扇艺术世界的大门。

在讲究高科技（High-Tech Art）现在社会之下，如视频艺术所显现出来的影像，结合了人类的智慧和科学的技术，为美术带来新的意义，对目前儿童美术活动中儿童利用电脑表现绘画内容、创作主题、空间表现都将是另一番冲击。

（四）场域特定艺术

场域特定艺术（Site-Specific Art）是为特定地点而创造的艺术作品。艺术家在计划与创造此类艺术品时，把地点环境的因素也纳入考虑。场域特定艺术通常包括景观改造和长久放置的雕塑元素。场域特定艺术还包括针对特定地点而创造的表演艺术与行为艺术。一些场域特定的艺术还强调在创作中或完成后与当地居民的互

■ 周啸虎《反蒙太奇·党同伐异》（Against Montage-Intolerance）

动。另外，场域特定艺术突破传统的想法，认为艺术作品不仅仅是颜料在画布上，相反大自然也可以成为艺术，让观众沉浸在大自然的艺术中用视觉、触觉、听觉和感觉体验光线在植物、石头或雕塑上的反射。将大自然变为艺术品的场域特定艺术又称为大地艺术，是艺术家充分利用自然材质完成。所以一些作品只有在偏远地区进行，这些艺术品和它们的原料重新建立起关系，让作品得以在大自然中快活的存在。最后这些泥巴、树枝和石头的重新塑造也只能保留在照片中。

从以上的几个名词解释，可以看出各个时代的艺术流派是其相对应的文化和时间段的产物。当代的艺术是人类寻求自由、真实与纯粹精神的表现，所以当代艺术应奠定于历史与艺术传统之上，反映并挖掘当代社会存在的各类面貌。了解当代艺术就更能体验现代社会中各类优秀艺术的深沉意义。

三、美国儿童美术教育的价值取向

（一）强调创造性表达的重要性

美国在第二次世界大战后，迅速成为世界

■ 罗伯特·欧文《美国洛杉矶盖蒂博物馆的中央花园》(Getty Museum Garden)

头号强国，经济的飞速发展呼吁着教育新思想的产生。在教育改革中，杜威和布鲁纳等人的主张起了非常重要的作用，与杜威之前的美国另一位对儿童美术教育产生过巨大影响的美术老师史密斯强调有系统、有组织的美术课程能让儿童将来获得职业技能不同，那些受杜威影响的人更关心的是通过美术为儿童提供创造性的表现自我的机会。但最后真正将杜威的教育思想推广开来的是一些美术老师，他们以创造性自我表现的目标实施美术教育，这样的新思路深受当时50年代抽象表现主义艺术家的艺术观念的影响。这些艺术家认为美术创作不应以描绘具象为目标，而是透过点、线、面、形状和颜色以主观方式来表达，并传达各种情绪、激发想象，启迪人们的思维。

在此期间，有4本极有影响力的美术教育著作出版，分别是柯尔（N.R.Cole）的《教室内的美术》、达密柯（V.D A'mico）的《美术的创造性教学》、罗恩菲尔德（Viktor Lowenfeld）的《创造与心智的成长》和里德（Herbert.Read）的《通过艺术的教育》，这些著作的一个共同主题是——美术教育的主要目的就是让儿童的创造性得到发展。

时至今日，美国仍非常重视儿童早期创造力和想象力的培养，他们在引导儿童创造力和想象力方面可谓下足了功夫。父母在孩子小时候就鼓励孩子充分发挥自己的想象力，哪怕是错了也不要紧，有些家长甚至认为知识没有想象力和创造力重要，人的一生也只有在儿童阶段才是最有想象力的时候，所以绝大多数美国人都相信应该在孩子最有想象力的时候发展想象力和创造力，并将这样的能力贯穿于人的一生。

（二）强调美术的学科内容在美术教育中的重要性

20世纪50年代后，杜威的教育思想又开始衰败，教育家布鲁纳在他的《教育过程》一书中提出了"学科结构"的概念，科目变成了美国课程改革的焦点。作为布鲁纳思想的实践者，巴肯努力尝试在美术中发现作为课程发展要素以及与科学知识相同的结构形式。他的思想又影响了斯坦福大学教授艾斯纳和格里。

艾斯纳提倡，美术教育的主要价值在于它对个人经验的独特贡献。儿童美术能力不是自然发展的结果，必须经过学习才能获得，而严格的课程设计是美术教育取得良好效果的前提。格里主张学科本位导向的美术教育，他发表了《学科本位艺术教育》(Discipline-Based Art Education，简称DBAE)，认为美术教育的学习，不仅仅只是由内而外(inside out)创造表现而已，还必须兼顾由外而内的鉴赏学习。把美术教育提升为教育的一个基本学科，美术教育应包括美术创作、美术批评、美学和艺术史四大类型，并将其纳入课程的范畴。这些思想反映了60年代曾经提出来的，80年代后又重新强调的以学科为中心的美术教育思想。

近些年来，美国的儿童美术教育思想除了以艾斯纳为主流，也以罗恩菲尔德的《创造与心智的成长》和英国的里德的《通过艺术的教育》为主流，认为美术教育能够启发人的潜力，促进儿童心智发展，以提高儿童的创造力。这两种主流思想相辅相成，使得美国的教育形式与内容是开放的，学科间联系紧密、相互补充。授课方式体现了以学生为主体，老师是课堂的引导者，教师可以根据学生特点、流行的艺术动向自行设置课程，并重视过程的情感培养，真正释放学生的情感，让学生体会、感受艺术的美。

所以我们看到，今天的美国儿童美术课堂上通常是以世界名画欣赏拉开"序幕"。偶尔老师也会从讲一段童话故事，听一首好听的音乐或大家做一个好玩的游戏开始，引入教学过程。所要欣赏的名画、故事、音乐和游戏都是由老师结合当日教学内容选定的，非常生动有趣，不但活跃了课堂气氛，还引发了孩子的思考。

（三）以加州美术课程标准为例看美国美术教育的价值取向

美国自《2000年目标：美国教育法》法案将艺术学科确定为核心学科以来，各州相继制定并颁布了艺术课程标准。加州在参考2001年艺术课程标准实施情况的基础上，对艺术课程标准进行了完善和修订，于2004年颁布了新的《加州公立学校视觉与表演艺术课程框架(课程标准)》(Visual and Performing Arts Framework for California Public Schools) (以下简称"加州标准")。美国加州由于其独特的地理位置和浓厚的艺术氛围，艺术教育一直领先国际。该标准将舞蹈、音乐、戏剧和视觉艺术四门学科一并列入其中，阐述了学生在艺术学科中所需掌握的五条主线：(1)艺术感知，(2)创造性的表达，(3)历史和文化背景，(4)审美评估，(5)连接和应用。下面是幼儿阶段视觉艺术内容标准的五条主线包含的具体内容：

1. 艺术感知

以独特的视觉艺术通过语言和技能，处理、分析和响应感觉信息；感知并对艺术作品、对象性质、事件和环境作出反应，使用视觉艺术的词汇进行表达。

（1）发展感知技能和视觉艺术词汇

• 识别并描述环境和艺术作品中简单的模式。

• 艺术材料（如黏土、水彩、蜡笔等）的介绍和使用。

（2）分析设计艺术基本要素和原则

• 识别技术环境，并在艺术作品中表现元素（线条、颜色、形状、质地、价值、空间），强调线条、颜色和形状。

2. 创造性地表达

创作、表演，并参与视觉艺术；幼儿学习艺术工艺和技能，利用各种媒体和原创艺术作品交流。

（1）技术、工艺、材料和工具

• 用线条、形状和颜色来画图案。

• 创作中使用的工具和工艺，如使用剪刀、胶水和纸的技巧来建立三维结构。

• 用切割和撕破的纸张形状（形式）进行拼贴。

（2）通过原创艺术作品进行沟通和表达

- 画一幅画表达对家人和邻居的想法（在素描纸上用线条来表达感情）。
- 使用几何形状（圆形、三角形、正方形）的艺术作品。
- 创建一个三维的形式，例如一个真实的或假想的动物。

3. 历史和文化背景

了解视觉艺术的历史贡献和文化维度，分析世界各地过去的和现在的视觉艺术的发展变化与作用。

（1）视觉艺术的作用与发展

- 描述在日常生活中的艺术的功能。
- 识别和描述艺术作品。

（2）视觉艺术的多样性

- 讨论不同时间和地点人们创作的艺术作品。

4. 审美评估

反映、分析和判断视觉艺术的能力；培养幼儿分析、评估，并根据艺术的元素、设计的原则及美学特质从艺术作品中派生出自己的意思。

（1）派生含义

- 用适当的艺术词汇（如颜色、形状、纹理），讨论自己的艺术作品。
- 描述（包括文字和表达的内容）经典的艺术作品。

（2）做出正确的判断

- 讨论艺术家是如何做艺术的具体工作。
- 说明理由，为什么艺术家热爱艺术，用适当的艺术词汇描述艺术家的特定工作。

5. 连接和应用

用学到的艺术连接视觉艺术和其他艺术形式或学科领域。

整个学科领域的视觉艺术学习，有利于开发终身学习和职业技能，培养创造能力、解决问题与沟通能力，还有助于学习有关职业的视觉艺术。

（1）连接和应用

- 绘制几何图形（如圆形、方形、三角形）并以运动或舞蹈序列重复。
- 学会使用剪刀、牙刷、叉子等。

（2）视觉素养

- 在家里、学校、日常生活中，从（照片、绘画、壁画、陶瓷、雕塑等）里面找出图像和符号。

（3）职业发展与职业相关的技能

- 讨论艺术家的各种作品（如陶瓷、绘画、雕塑）的创建和材料使用。

从以上五条主线的主要内容可以看出，加州视觉艺术的课程标准不仅注重创造性表达，也注重艺术感知、艺术审美、艺术历史和艺术应用等视觉艺术学科内容的有序性。此外，美国艺术课程还遵循以下一些基本的价值原则：

强调艺术教学必须坚持动手导向，幼儿要不断地实践和练习，以保证所有艺术学科所要求的有效性和创造性的参与；

强调文化和艺术的全球性与普遍性，而不仅仅局限于地方性和特殊性；

强调艺术教育能够跨学科学习，要求在各门艺术之间以及在艺术与其他学科之间寻求合理的联系；

强调艺术教育与最新科技的结合，认为科技不仅是改造经济的一种力量，还是推动艺术的动力，重视通过艺术能启发幼儿认识运用科技手段达到预想目的；

强调通过艺术教育发展幼儿未来生活和工作取得成功必需的问题解决能力与高级思维能力。

四、当代艺术融入儿童美术教育的可能性

首先，当代艺术家探索各种媒材用于艺术表现的好奇心与儿童与生俱来的好奇心、想象力与创造性具有内在的一致性，这使得当代艺术融入儿童美术教育成为可能。在本文的开始，我们已经探讨了当代艺术与儿童美术语言之间的关联性。当代艺术家的艺术实践不断扩大，许多艺术家已经不满足于一些传统的绘画或雕塑，而是去创造短暂的事件，比如体验、表演甚至聊天。他

们的工作不仅包括视觉媒体，还包括历史和档案研究、写作、科学研究、工程和阅读等其他方式。当代艺术家用合作、表演、跨学科、对话甚至是教学策略与沟通来吸引观众的好奇心。从艺术追求来看，今天的艺术常常无视纯粹的审美，也不再标榜精神或智慧的艺术准则。当代艺术也不是高不可攀的，它可以准确地表达一种思想，不过不是用文字而是通过形状、图像、颜色和体积来表现。当代艺术更乐于表达真实的、现实的生活和短暂的生命。当代艺术告诉我们，每个人都不是完美的，有优点也有缺点。当我们站在当代艺术作品前，它带给我们可能不是优美，有时甚至是丑陋，但同时可能突然让人感觉惊讶或产生某种反思，这便是当代艺术的价值所在。欣赏当代艺术时，我们可以完全去掉过去的条条框框，把成见放在一边，把信任交给艺术家。

其次，从儿童美术教育的实践来看，当代艺术完全可以应用于儿童美术教育。尽管在美国幼儿园和小学低年级的美术课上，老师给小朋友欣赏的名画都是经过历史沉淀的世界名画，从古到今，从原始人的洞窟壁画到文艺复兴时期的美术，从古典的学院派到现实主义，印象派到现代的野兽派、表现主义、立体主义和抽象主义等，对于当代美术作品甚少涉及，原因在于学校的美术课都有统一标准和教学大纲，老师按部就班，按照统一标准授课，多年来，教学内容变化不大。但是笔者在美国美术馆和博物馆里举办的学前儿童美术活动上发现，很多美术课由当代前卫的艺术家们亲自授课，并有详细的教学方案和教学计划，课程与教学内容根据馆藏的当代艺术珍品量身定做，很多儿童美术教学内容都是从当代美术演变而来。

再次，当代艺术流派的一些创作方式可以直接用于幼儿美术教育，并激发幼儿的艺术兴趣。比如波普艺术的代表人物安迪·沃霍尔的印刷排列组合与儿童画相结合，多媒体艺术中的摄影与儿童摄影相结合，装置艺术与儿童收集废品、再废物利用成艺术品相结合，等等。再如场域特定艺术的一些艺术理念，完全可以用于幼儿园教育环境的创设。因为环境是最好的老师，是影响孩子成长的重要因素之一。幼儿园的环境不仅仅是生活的场所还是带给儿童视觉享受，传递美好情感的地方。比如场域特定艺术讲究人与自然融为一体，达到一种天人合一的境界。借鉴场域特定艺术的理念，我们可以让孩子在生活和学习的时候，充分利用大自然的一切，给孩子更多的感知机会，让孩子在一花一草、一石一水的艺术气氛中茁壮成长。再比如录像艺术中视频画面中近乎游戏的技法，很适合儿童的年龄和心理特点，尤其对于还不具有高深的绘画技巧的孩子来说更能激发他们的热情，可用于儿童美术教育，作为课堂教学中的辅助教学手段。视频艺术和纸上绘画一样也是一种纯艺术的表现形式，不同于其他视觉艺术形式，它强调形象思维、直觉思维，而多媒体视频动态的画面、靓丽的色彩和动人的音响，容易给孩子积累足够的表象，让感官参与感知，通过形象思维有效地在脑海中形成表象，从而促进儿童创造力的进一步发展。

总之，当代艺术不论是理念和创作方式上都有一些符合儿童教育的精华可运用或借鉴到儿童美术教育中。

五、当代艺术融入儿童美术教育的意义和价值

当代艺术家的作品提供了新的艺术形式和艺术思想，艺术家们从自己的兴趣出发，探索思想如何在广泛的领域和实践中得到表达，最终产生全新的艺术实践及多样化的艺术作品。一些美国当代艺术家认为，将当代艺术引入儿童教育有以下几方面的意义：

1. 以当代艺术家作为榜样激励各个不同年龄的人去思考如何创意，并在当今社会提供教育机会以支持不同的教育方式；

2. 当代艺术家对当今世界和过去历史的看法思考，可以帮助教育工作者和孩子进行跨学科的连接；

3. 将当代艺术融入学校和幼儿园，可以激发孩子们的好奇心，鼓励孩子与世界对话。那时我们将会为孩子们的表现感到惊讶，因为那些需要我们左思右想的难以理解的艺术品，在孩子看来却是容易理解的；

4. 当代艺术相比传统的艺术涉及更大的框架，如个人和文化身份认同、家庭社区和民族进行文化对话等。

六、儿童美术教育可借鉴的当代艺术元素

（一）表现形式

当代艺术开放性的表现形式——多元化、多样化及游戏化的趋势，将使得儿童美术创作表现的方式更丰富多彩，以模仿复制的方法，借用不同背景或是名家作品，或大自然景观或日常用品等，混合在一起作为创作的素材，拓展儿童艺术的视野，同时也用宏观的角度接受不同小朋友的作品。

（二）媒材技法

现在越来越多的幼儿园为了孩子的创造性能力的培养对媒材的选择更趋向多样化。甚至一幅作品，不再受单一媒材的限制，而朝向混合材料创作。所以到处都是可以利用创作的媒材，传统技法也不是唯一绝对的方法。配合多媒体与科技，运用电脑绘图尝试不同媒材表现的领域，既保留传统的媒材，如版画、水墨、摄影等，又积极吸收各种跨领域的媒材表现方式，如音乐、舞蹈、建筑等合作的创作形式。使其媒材丰富多彩，让儿童美术教育呈现多元活泼的广阔空间。

（三）空间表现

儿童美术创作中的空间使用方法与空间的花样变换，与其说是儿童描绘他想要表现的，不如说是接近儿童自己生活的描绘，可说是儿童对周围环境的反应。当孩子的作品与生活环境融为一体时，其作品又将会有第二次新的意义，在新意义开始的同时，人与人、人与艺术、人与自然完全融为一体，在这里欣赏者也能变成创作者而成为作品的主人，而创作者在这样特殊的环境里又变成欣赏者和体验者。人与作品的互动产生了新的情感，作品在变幻莫测里又再次生成了艺术想象。

（四）色彩运用

当代艺术的特点是人类观念的表达，绘画色彩也从客观走向主观，越来越多的艺术家把主观情感注入其中。当代艺术更加注重色彩的大众审美功能及心理学意义，从而更多地来探讨色彩的心理学和化学的意义，更具主观性，而非科学、理性地对客观对象进行描摹再现。

儿童总是将色彩当作表达情感的语言，做夸张的表现比写实的时候多。在当代艺术思潮下，儿童将会有更多的色彩语言，所以正面的鼓励要大于概念的灌输。要从儿童心理学的角度研究儿童的色彩，并仔细地探究儿童无意识时的色彩表现，还有儿童装饰的色彩、概念的色彩、感情的色彩与写实的色彩。

（五）电子科技的应用

当代艺术由于电子科技的飞速发展，传统材料及创作方式受到很大的冲击，儿童美术创作也不必通过传统的媒材来表现，而可以通过电脑绘画、电脑打印自由地创作，反复练习，尝试各种技法，充分享受创作的乐趣，增加成就感。而且当代艺术的心智方法恰恰与从科学发现到技术开发的思维过程相仿。让儿童认识到运用科技手段也可以达到预想目的。

七、当代艺术融入儿童美术教育的课程与教学设计

当代艺术思潮发展至90年代之后越来越开放，艺术创作的媒介更加多变和丰富。当代艺术思潮在不知不觉中重新构建了教师和学生

之间的关系，打破了课程内容绝对稳定不变的知识体系，挑战了课程目标的完全预定性。它不仅仅给儿童提供丰富的艺术学习内容，也启发教师将课程看作一种探寻和构建知识的方法。融入当代艺术的美术课程设计，不应该是狭隘的、唯一的，而应注重美术与社会、文化自身成长之间的联系，应充分尊重儿童的心理特点和学习特点，在尊重儿童的感受、体验和创造的基础上进行课程设计，并且随着每一堂课的实践不断发展、修正。

美术教学设计是根据课程内容主题、学生特征和环境条件，运用教与学的原理，将学和教的原理转化成美术教学材料和美术教学方案的系统化过程，是对美术课程资源整合的结果。融入当代艺术思潮的美术教学设计中，难点在于教学内容、教学方法与儿童的生活经验和生活环境相结合，以促进美术知识和技能的学习。在操作层面，可遵循以下原则。

（一）使用主题或基本问题的主要思路来开展研究

许多艺术家并不是利用一个单一的媒体或技术工作，而是试图探索一个想法通过多种媒体提出质疑。所以老师准备的美术课程须围绕一个大的主题想法提出问题，再去决定这些美术课程用什么技能和材料来进行有意义的表达。围绕这个主题重点研究并建立一个统一的框架，其中包含多个资源、艺术作品和多位艺术家。

（二）选择一些有代表性的艺术家介绍给孩子

不要去模仿艺术家的风格，而应只是学习不同艺术家的想法和做法，对选定的主题提供多角度的工作方法。认真选择来自不同文化和国家的艺术家。

（三）从不同的媒体来源多选择艺术家以便让孩子多重选择

越来越多的艺术家正在超越传统媒体，他们的创作路数不再像从前那样泾渭分明地由他所掌握的技巧来决定。如今的艺术家利用最有效的媒体工具和资源来表达自己的理念。所以应让孩子们通过一个特定的主题在强调自己的想法后在跨媒体创意中获得技能技巧。

（四）和孩子们多聊天、多提问

老师设计怎样和孩子对话、引进暗示的例子并且帮助孩子进行有意义的多种多样的创造方法。鼓励孩子在课堂外分享他们的想法，并将孩子的问题记录下来，帮助他们厘清多种想法后去追求一个最终的想法，并留出一段时间去完成自己的作品。

（五）强调创造过程

按"美术过程重于美术作品"的理念去开展教学，去开发和实现一个好的教学过程，以解决孩子的多重思维并提高技能技巧，使孩子能够做出有意义的作品。

（六）使用探究为基础的学习方法

我们普通人学习艺术往往通过不同的方式，有些人首先把它当作一项正规工作，有些人喜欢通过与艺术家交谈和听讲座等形式，有些人喜欢阅读和了解艺术家的历史等，所以为了更好的理解当代艺术，可以从以下几方面引导幼儿探索当代艺术。

1. 在潜移默化中让幼儿感到艺术家的技巧只是为了表现艺术，并不是作品本身的目的。就像我们去欣赏一朵花，无需知道它是月季花还是牡丹花，只要觉得它好看就行。所以让孩子用一颗单纯和感性的心去感受作品，给孩子丰富的体验和启发有时远远超过书本知识。

2. 要为孩子们打开丰富的绘画元素，比如颜色和材料的不同运用方法、不同的作画方式，以及材料的再利用等等。如今很多当代艺术品都会用到日常生活中的物品，甚至是废物利用，比如废汽车零件、骨头、贝壳、沙石、树叶等。其实孩子们和艺术家一样都喜欢用这些东西进行创作。

3. 不要让抽象与具象对立。因为这样会让孩子首先去判断这幅作品像与不像，而不是去欣赏画作本身的内容，其实孩子对艺术的敏感度远超出我们的想象。所以不要过分强调抽象派绘画与孩子的儿童画在技巧上的一些相似形，而应强调每幅画代表了什么。

4. 让儿童展开联想。当代艺术不仅无法与传统的艺术割裂开来，它同样与周围的世界有着千丝万缕的联系。为了让孩子入门，我们可以让孩子在认识一件当代艺术作品时去展开联想，去联想一个现在流行的事物或者大家都喜欢一个卡通片。

5. 带领孩子参观美术馆。欣赏艺术如果光靠看画册是不够的，或者呆在教室里欣赏印刷品也是不行的，无论质量多么好的印刷品，都不能与原作等同。而且对于当代艺术来说，有时参观者在作品附近也能成为作品本身的一部分。所以带孩子去观看真正的艺术品是绝对必要的。当代艺术的作品形式大多是从一个极端走向另一个极端。孩子是不懂什么"极端""观点"，但孩子在美术馆的展厅中，总能找到自己喜欢的元素。所以老师在让孩子参观前，可以先提几个问题：哪幅画最大？哪幅画最小？哪幅画颜色最亮？哪些画里有圆形？等等。这样孩子就会去寻找并观察一些不吸引他们的作品。

6. 让孩子想象艺术家创作时的动作。一般来说小孩对一个局部细节的敏感度比对整体一件作品要高。艺术家在创作时留下的线条方向、颜色堆积的厚度、不同创作工具在作品上留下的痕迹都会让孩子感兴趣。这些"蛛丝马迹"很好地反映了某种艺术效果是如何完成的。让孩子想象艺术家在创造时是如何全身运动、跳舞、拳击、飞翔，是用手画的还是用脚踢的，是毛笔画的，还是用刀刮的等，这一切将启发孩子透过作品的表面去认识事物的本质。

7. 让孩子进入到作品中去编故事。老师可以启发孩子，如果你不小心跑进画的里面，你会碰见谁，遇见什么事情？孩子们这时就会在相互交错的形状、颜色和线条之间，在具体的形象和抽象的光影之间去想象其中的故事情节。这样的教学方法可以让孩子专注于一件作品，去引发多重感官感受——因为他们喜欢和一幅作品融为一体。

八、结语

随着社会的发展，当代艺术思潮带给社会、文化、艺术创作与美术教育艺术工作者的将是另类的思考与冲击。通过当代艺术资源向儿童美术课程资源的转换，合理的教学设计与实施，可以实现当代艺术融入儿童美术教育的预设价值，美国当代儿童美术教育的实践教学证明了当代艺术融入儿童美术教育的研究是可行而有效的。这一建立在了解儿童的基础上的研究会随着进一步的教学实践不断发展，并通过不断反思促进理论与实践的拓展。

我们鼓励老师学习当代艺术是一个长期的过程，当你看到艺术家的作品时，想象一下孩子看到这个图像会是怎样的感觉。教师可以用最为开放的态度向孩子介绍当代艺术，在开始阶段，时代、风格、主题、技巧和概念并不重要，与之相比，艺术作品的丰富多彩更能吸引孩子们的注意力。为了鼓励孩子积极寻找思考和创造，老师应创设新的对话和提问机会，并以视频和多媒体资源共享等多重视角开展教育活动，还要知道学习当代艺术和它的特点将是一个长期的过程。

笔者相信，在不久的将来儿童美术教育将是多元与开放并重、通俗与精致并重、艺术与科学结合并重、美感与创作并重、自然与人文并重、独创与参与并重、欣赏与创作并重、纯艺术与实用艺术并重、传统与当代并重、中国与世界并重。

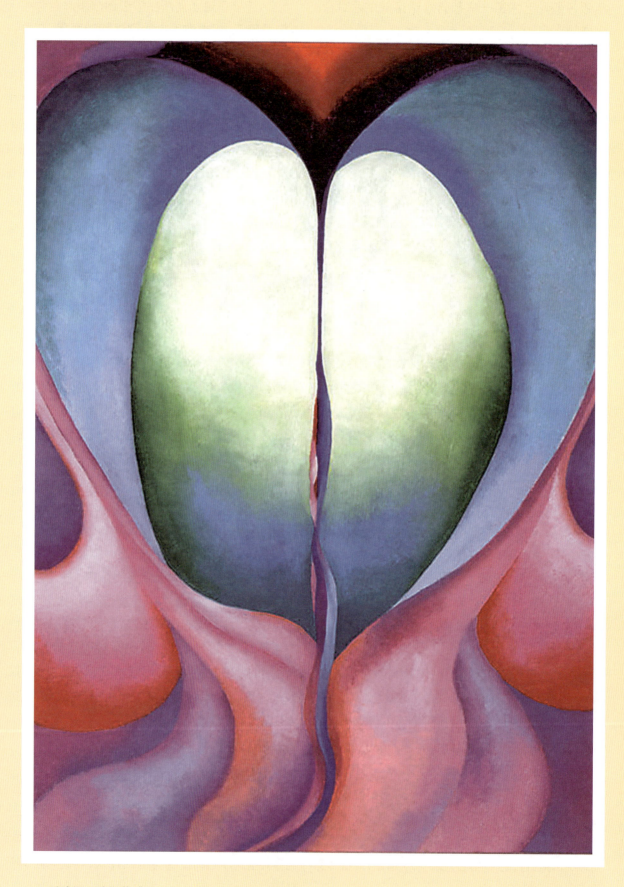

■ 乔治亚·欧姬芙《系列1,8号》(Series I, No. 8)
当你看到这张画时,一定喜欢这鲜艳的色彩吧!你再看看这图形像什么?像切开的苹果?还是洋葱?还是一种花?

第 1 课

画抽象花
—— 画得不像又何妨

一、课程来源

乔治亚·欧姬芙(Georgia O'keeffe),出生于1887年,是美国著名的女画家,10岁时,她就立志长大后要成为一名大画家。长大后她不但梦想成真,还一画就画了70多年。欧姬芙大学就读的是芝加哥艺术学院,毕业后的一天,她到纽约一家画廊看画展,遇见了一位发掘她的才华并把她的才华推向画坛的人,这个人就是这家画廊的老板兼著名摄影家,也就是她未来的丈夫。我们在《乔治亚·欧姬芙》这部电影中,可以看到他们浪漫的爱情故事。

1908年时,欧姬芙只是画插图,没有创作绘画作品,因为她一直很苦恼,不知道自己怎

■ 乔治亚·欧姬芙《粉红背景的两朵海芋》(Two Calla Lilies On Pink)

■ 乔治亚·欧姬芙《淡淡的鸢尾花》(Light Iris)

■ 乔治亚·欧姬芙《由远及近》(From The Faraway Nearby)

样才能从学院训练的条条框框中脱离出来。直到1912年,她遇见了一位好老师贝蒙,贝蒙告诉她:"艺术家应善于用线、色彩、面与形来诠释自己的理解和感受。"欧姬芙恍然大悟,开始以简洁巨大的花朵为主题,画面清澈、纯净,只用少数几种颜色,赋予画面神秘而富有生命力的气质。有人说,站在她的画前,感觉自己像是喝了变小药水的爱丽丝,面对她的花,仿佛我们人都成了蝴蝶。1924年,她创作了著名的花卉《粉红背景的两朵海芋》以两万五千美元卖出,是当时在世艺术家的最高价,正当她事业如日中天时,她却义无反顾地来到了新墨西哥州,离群索居于沙漠,被称为沙漠中的女画家。西部无垠大地上的动物白骨、岩石、山丘和黄沙等原始景象燃烧了她创作的欲望,让她再一次浑然忘我地抒发内心的感受。这期间,她创作了她的另一名作《由远及近》。在她的国度里,漫天盖地的寂寞与苍茫皆是美。

此后,她喜欢以大自然为主题画半抽象和半写实的画,更喜欢画那些宏伟却意象简单的花卉系列。而在此抽象化的过程中,增加了观众对于现代主义的认识。她引导她的学生从一只简单的编篮,野生的花草,平原落日,家常百衲等日常事物中去认识天地间的美丽。她曾说道:"如果我们只是拷贝一朵花,画的很像很小,有谁会去看呢?因为人们都很忙,我只有把花放大,把颜色和形状画的比语言形容的还美丽,人们才喜欢去看。"她又说道:"若将一朵花拿在手里,认真地看着它,你会发现,片刻间,整个世界完全属于你。"

二、课程设计说明

美国儿童美术教育家艾斯纳认为美术教育的主要价值之一就是帮助人们学会认识那些常常不为人们注意的事物的特征,且美术教育首先关心的就是视觉能力的培养。尽管人辨别周围环境本质的能力随着年龄的增长在发展,但普通人与某一领域的专家相比,仍显得相当迟钝而粗糙。艺术家超凡的感知分辨力来自他们通过视觉深入观察周围事物而积累的丰富经验,儿童的视觉洞察力也可以通过知觉培育得到提高,知觉培育是发展儿童观察力和对刺激物进行选择性反应的能力的教育。

儿童的知觉在某一段时间内只关注事物的某一方面。比如儿童看花有自己特定的关注点,通过欣赏名家作品可以看到自己以前从未注意到的花的其他方面,知道了看一朵花还可以有完全不同的观察方式,这会促使他们在下一次观察时更细致、更具有探索性。

欧姬芙的作品一律是简单的花、骨骸和风景的局部,画面构图简洁、色彩单纯明亮、笔调平滑单纯、背景空旷、绘画技法也不复杂,很适合儿童理解、学习。欧姬芙局部放大的花可以为拓展儿童的观察经验提供一种新的可能。而且尽管其有些作品看起来很抽象,但也有一些介于具象和抽象之间的作品,能很好地帮助儿童理解抽象的艺术表达形式。

本节课的目标在于启发儿童的视觉观察力,让儿童开始认识构成艺术品的基本形状、线条和色彩,并感受具象和抽象之间的关系,通过干湿两种方法也可以体验水粉材料的特性。

三、教学过程

建议:让儿童了解以下词汇(但并不要求完全记住)

色调:指一幅画整体的色彩倾向。

渐变:就是颜色从深到浅或从浅到深,慢慢地过渡变化。

(一)名画欣赏

(老师先介绍一下乔治亚·欧姬芙的生平经历和主要作品。)

老师:我们现在欣赏一位美国女画家欧姬芙的作品《抽象花》。

(老师可以用一根颜色鲜艳的羽毛——羽毛给孩子温馨的感觉——温柔地指着名画的复印品或指着电脑投影仪投影在墙上的名画,一边指一边讲。)

老师:这位女画家喜欢画大自然,特别喜欢画花,并将花放很大,几乎占满整个画面。她画的好像是花朵内部的微观图,以弯曲的线条和从深到浅的颜色组成美丽的花朵。这些美丽花朵使她成为20世纪20年代美国最著名的画家。

老师:你们平时在家里或在公园里欣赏花时,离花的距离一般保持多远?你们觉得欧姬芙观察这朵花时,是近还是远呀?

■ 乔治亚·欧姬芙《东方罂粟花》(Oriental Poppies)

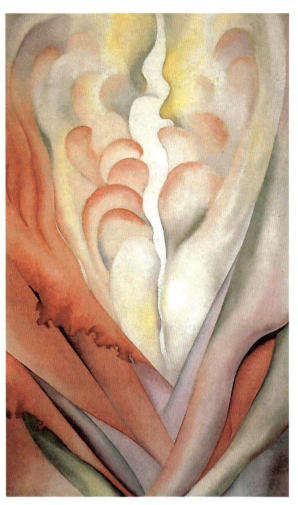

■ 乔治亚·欧姬芙《抽象花》(Flower Abstraction)

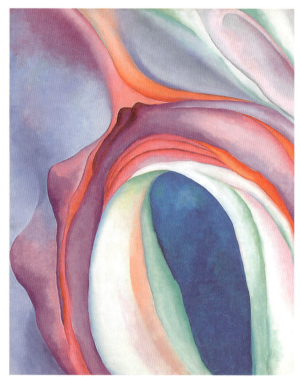

■ 乔治亚·欧姬芙《音乐–粉红和蓝,第二》(Music–Pink And Blue, II)

老师：再看欧姬芙的另一幅画《东方罂粟花》，这幅画是什么色调？什么是色调？色调不是指一种颜色，而是对一幅画整体颜色的评价。比如一幅画虽然用了多种颜色，但总体有一种倾向，是偏蓝色偏红色还是偏黄色。这种颜色上的倾向就是一幅画的色调。

老师：再看这两朵花是什么颜色？是粉红色？橘红色？

（老师等小朋友各抒己见后再告知答案。）

老师：是橘红色和橘黄色。这些颜色是用什么方法画的？

（等小朋友回答后，再告诉结果。）

老师：是用渐变的方法画的，什么是渐变？就是颜色从深到浅或从浅到深，慢慢地过渡。你们再看看这张画的线条是用什么类型的线？

（等小朋友回答后，老师给予评价，鼓励，表扬。）

老师：非常正确，这张画的线条是斜线和曲线。

（现在老师准备教授水彩画和色粉画的技法形式让孩子们尝试画抽象花。）

（二）材料准备

1. 草稿纸，铅笔
2. 水彩颜料或彩色粉笔，发胶
3. 水彩纸（20×28 cm），水彩画笔
4. 洗笔杯子
5. 调色盘（建议使用一次性白色纸盘子）
6. 擦手纸
7. 鲜花或绢花或关于花的杂志照片

（三）创作步骤

（老师在创作前应给每位小朋友发一朵鲜花或绢花或者从杂志上剪下的花卉照片，老师还要在每位小朋友面前放一张草稿纸和一支铅笔。）

1. 老师：现在请每位小朋友观察手中的鲜花，用铅笔在草稿纸上画下草图。

2. 老师：请仔细看你手上的鲜花，就好像用放大镜去看，让花瓣的边缘放在纸张的边缘，甚至画出纸张外。使花看起来非常大，像特写镜头一样。

（等小朋友在草稿纸上画好基本的图式。）

3. 老师：照草稿纸上草图的样子，用铅笔在水彩纸上轻轻勾勒出花的形状。

4. 老师：铅笔勾完轮廓后，我们可以用水彩颜料或者彩色粉笔上色，请小朋友自己选择，如果用水彩颜料，请在老师的帮助下，将自己喜欢的颜色挤在调色盘上，一次不要挤很多，用完再挤，每次换另一种颜色时，请将水彩笔在洗笔杯子里洗干净后再蘸其他颜色。

（老师又开始讲解并示范画水彩画的两种基本技法。）

5. 老师：画水彩画可以用两种方法，一种是湿画法，另一种是干画法。湿画法就是先将水彩纸打湿，等纸未干时，用水彩笔蘸着颜料在纸上直接描绘。这时颜料会晕开，形成渐变的效果，最后画面的效果很朦胧，色调也很统一。干画法就是直接将水彩颜料在未打湿的干的水彩纸上直接描绘涂抹，这样画面上的轮廓形状非常清晰，也非常漂亮。你们喜欢哪一种方法呀？自己选择自己喜欢的方法去画画。

水彩步骤图：

■ 水彩步骤1

■ 水彩步骤2

■ 水彩步骤3

6. 老师：我们还可以用色粉笔画花。用粉笔按照勾好的铅笔线描一遍。勾画完轮廓后，再用色粉笔涂色，为了画出从深到浅的渐变效果，我们手握着粉笔时，用劲时力量要从大到小，从

重到轻。这样色粉笔在纸上就留下了从深到浅的色彩变化。另外还有一个方法，我们可以用纸巾将涂好的色粉颜料轻轻擦拭，这样也能形成从深到浅的色彩渐变。我们将花全部涂完色后，还可以把背景也涂满另一种颜色，当全部涂完后，因为色粉笔很容易脱落，要喷上发胶才能固定在纸上。

（老师讲完后，应耐心地走到每个小朋友面前指导，等小朋友全部画完后，老师再用发胶给色粉笔完成的大作喷上一层保护层。）（色粉笔步骤图）

- 色粉笔步骤1
- 色粉笔步骤2
- 色粉笔步骤3

四、学生作品欣赏

- 学生作品1　满构图
- 学生作品2　寥寥几笔，像中国的大写意水墨
- 学生作品3　线条富有节奏感

- 学生作品4　很有意思的花
- 学生作品5　花的局部构图，别具一格

■ 学生作品6　很富有装饰性

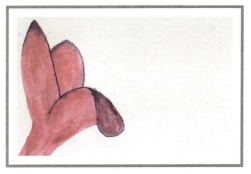

■ 学生作品7　极简主义？

■ 学生作品8　构图饱满，色调统一

■ 学生作品9　稚拙可爱

■ 学生作品10　笔触大胆豪放

五、总结

　　这堂课老师带领孩子们进入现代主义的绘画世界，并利用它做一个跳板，让孩子逐渐走向当代美术。本课在儿童开始创作之前的观察用照片代替了真实的花朵，因为照片是经过摄影者观察提炼处理后的艺术成果。照片上的构图、色调和色相已经形成。儿童直接从照片上进行取舍、夸张、变形就更容易、更直接、更高效。如果条件许可，老师们完全可以尝试在名作欣赏之后带领儿童在周围环境中进行真实的观察，然后再进行创作。相信新的观察经验与真实的观察体验会激发出儿童更有创意的视觉探索。如果教师在活动中安排集体分享环节，要注意肯定和欣赏每一位儿童的探索与表现。此外本课还涉及水彩画的两种基本技法，技法对儿童画的自由表现非常重要，儿童使用不同方法的过程也可以体验到材料的特殊性，但要注意技法本身并非本课的目标和重点。

■ 安迪·沃霍尔《玛丽莲·梦露》(Marilyn Diptych)
你认识这幅画上的著名人物吗？在这张画里，你看到多少个重复的面孔？每一张面孔是相同的还是不同的？她看起来是漂亮、有趣还是难看？你觉得她的心情如何？

> 第 2 课

玩波普
——不用画笔也能画

一、课程来源

安迪·沃霍尔(Andy Warhol),出生于1928年,是美国波普艺术最具代表性的大师,因为很多人喜欢他那通俗又流行的画作,他生前已成为当时极为富有和著名的艺术家。可是他小时候是一位体弱多病,聪明敏感又害羞的小男孩,幸运的是他家附近有一家博物馆,经常举行免费的儿童美术活动,小安迪总是去参加,在美术活动上出色的表现已经使老师感觉到他的美术天赋与才能。

高中毕业后他来到卡内基理工学院,学习美术专业,并在学习中逐渐建立起自己的绘画风格。他开始认识到绘画不仅仅是装饰,绘画还可以让人们生气,让人们提出问题,让人们看到不一样的东西。

1949年,他结束了学院的课程,准备去纽约发展,临行前他妈妈拿出200美元送给他,并对他说:"你一定会成为一名伟大的艺术家。"在纽约的第一年,安迪整天整夜画广告插图,非常辛苦。他还设计贺卡、橱窗展示,这些经历决定了他的作品具有商业化倾向的风格。

直到1960年,安迪的插画越画越好,他有了钱,有了朋友,换了新公寓,并把他妈妈从匹兹堡接来一起居住。但他并不满足这一切,他说:"我要成为毕加索,我要成为马蒂斯,我不要做一名只为杂志报纸画插画的商业画家,我要成为一名只为画廊画画的纯艺术画家。"但是不知道"画什么"使安迪很苦恼,他问他的朋友,朋友说道:"你就画平时人们最常见的东西吧,比如你每天早餐喝的汤罐头。"好主意,安迪一口气画了32个汤罐头,汤罐头成了安迪的代表作。他开始以日常物品为作品的表现题材来反映美国的现实生活,他经常直接将美钞、罐头盒、垃圾及名人照片一起贴在画布上,打破了高雅与通俗的界限。

接着,安迪画了人人都喜爱的米老鼠、猫王、可口可乐等。他擅于以艺术家的敏锐视角捕捉流行符号,这些符号承载着工业化时代的人类精神面貌、价值观念、情感理智等一切的综合。《米老鼠》是安迪从精神消费文化中捕捉到的流行符号,他的作品直接受到符号学派的影响,同时他的作品也大大丰富了符号学的视野和领域。

■ 安迪·沃霍尔《金宝汤罐头》(Campbell's Soup Cans)

■ 安迪·沃霍尔《米老鼠》(Mickey Mouse)

■ 安迪·沃霍尔《迈克尔·杰克逊肖像画》

安迪·沃霍尔曾说："我想成为一部机器，每10分钟产生一件新式美术作品，也就是利用丝网印刷、复制，反复产生廉价而新颖的作品。"这也是对机械化的泛商品广告化的60年代精神的体现与嘲讽。安迪·沃霍尔绘画中经常出现涂污的报纸网纹，油墨不均的版面，投影不准的粗糙影像，让人物头像像电视屏幕的一瞥，而不是欣赏绘画一般，仔细观看。另外在《金宝汤罐头》《210个可口可乐》中，当几个、几十个、乃至上百个形状、色彩、大小、方向、肌理完全相同的形象排列在一起的时候，通过不断地重复，平淡化为神奇，粗俗变为典雅。在观看安迪的作品中，观众有意无意地会触及重复和差异、整体和个体之间的联系，体验作品在视觉上的拓展和延伸。安迪用独特的方式诠释了西方社会人们的价值观。他改变的不仅是绘画，也是一种观念。

■ 安迪·沃霍尔《美元符号》(Dollar Signs)

■ 安迪·沃霍尔《花卉》(Flowers)

二、课程设计说明

安迪·沃霍尔的作品将流行文化中的元素带入艺术中，所以不止大人，小孩也知道他作品中的米老鼠、猫王、可口可乐、汤罐头、电影明星和卡通人物。沃霍尔的创作手段表面上看起来缺少创造性，但正因为其作品元素与创作方式所表现出来的商业的、消费的、平民的特点，一反传统艺术的单一模式，体现出强烈的创新精神，在全世界广受欢迎。这也应了儿童美术教育家科汉·盖纳谈及对儿童美术作品评价的观点——"美术作品中表现出的观点上的差异是宝贵的，这些差异丰富了我们的心智并使我们洞察他人的思维方式和内心世界，这些差异因丰富了我们对世界的看法而受到赞赏"。

沃霍尔作品最为明显的特征就是机器生产式的复制,完全相同的主题元素或者不同色相的主题元素在同一个作品中不断重复出现。这一"重复、重复、再重复"的创作方式也与儿童反复画某一物体的重复行为有着某种共同之处。这种看似简单的重复会阻碍儿童的创造性吗?美国儿童美术教育家科汉·盖纳认为,儿童用程式化的方式反复画一种熟悉物体并不意味着他们丧失了创造力、观察力和智力,相反,他们是在通过重复组织周围的事物。皮亚杰、蒙台梭利和罗恩菲德也都将儿童的重复行为视为认知能力发展所必需的,认为重复反映了儿童对秩序、自我肯定和控制力的探索。尽管其作品背后反传统的深意难以为儿童所认识,但其作品中涉及的很多符号却是同样处于消费社会中的儿童所熟悉的。本课借鉴沃霍尔的创作方式让儿童通过欣赏与创作,体验艺术的另一种可能性,为儿童未来理解艺术与生活的关系埋下一颗小小的种子。

　　本节课的目标在于通过沃霍尔的作品欣赏体验艺术与生活的关系;感受重复、复制也可以作为艺术表现的手法;通过讨论安迪·沃霍尔作品中的美术元素,加强有关线条和颜色的概念并感受流行文化在美术中的运用,利用流行文化创造自己的艺术。

三、教学过程

建议:让孩子了解以下词汇(但并不要求完全记住)
波普(Pop):是英文单词"Popular"的缩写,意为通俗的、流行的,波普是普通和平常的意思。
三原色:色彩中不能再分解的基本色称之为原色,三原色即红色、黄色、蓝色。
曲线:跟"直线"相对,指弯曲的线条。

(一)名画欣赏

(老师先介绍一下安迪·沃霍尔的生平经历和主要作品。)
老师:小朋友好,我先提几个问题,你们平时在家看电视除了喜欢看卡通还喜欢看什么?
(等待小朋友各抒己见,这样既活跃课堂气氛,又把孩子们带进了流行文化。)
老师:除了卡通还喜欢看电视广告啊,喜欢什么产品的广告?喜不喜欢麦当劳的广告?你们知道麦当劳的标志是什么吗?
(等待小朋友回答。)
老师:麦当劳(McDonald's)取M作为其标志,颜色采用金黄色,它像两扇打开的黄色双拱门,象征着欢乐与美味,欢迎顾客源源不断走进这欢乐之门。你们还喜欢什么产品的标志?
(让小朋友想一想。)
老师:对,还有运动鞋耐克的标志等,这些都是小朋友喜欢的生活产品的标志。
老师:平时在电视里,我们看到很多花花绿绿的广告,为什么广告都拍得很美很吸引人,它就是想让我们去消费,去花钱买东西。
老师:我们再回到今天的课程,什么是波普艺术?在美国20世纪50年代中期到20世纪60年代中期,很多年轻的艺术家和你们小朋友一样喜欢卡通片,喜欢漂亮的电视广告,喜欢消费,喜欢花钱买东西,还喜欢漂亮的电影明星,艺术家们就从周围的消费世界里选择对象。把喜欢的对象放在自己的作品里。有的是把喜欢的照片从报纸杂志上剪下来,贴在自己的画里。有的是给喜欢的对象拍张照片,再添加两笔,经过丝网印刷就成了自己的大作,安迪·沃霍尔就是这样的画家,大家来看这张《玛丽莲·梦露》。

(老师用一根羽毛指着图。)

老师:你们认识这幅画上的著名人物吗?

(等待小朋友回答。)

老师:对,这位画上的人物是好莱坞著名的女明星玛丽莲·梦露。你在画上看到多少张面孔?每一张面孔是相同还是不相同?

(等待小朋友回答。)

老师:这张画上是很多排列整齐重复的梦露头像,我们也不必数清楚有多少个,只要知道每个头像是一模一样的。你们再仔细看,她的面孔上有什么不寻常的吗?你们注意到她的眼睛和嘴唇是如何表现的吗?

(等待小朋友仔细观察一番后,经过思考回答,老师再解释。)

老师:画中的玛丽莲·梦露是粉红的脸和金黄的头发。这是安迪·沃霍尔从报纸上裁剪下来的照片。安迪几乎没有画什么。而是和助手用丝网印刷的方法制作出来。在制作印刷之前,安迪只是用毛笔蘸着颜料在梦露的眼睛上画上蓝色的眼影,涂上鲜红的口红。在这幅画中,对于玛丽莲·梦露的皮肤颜色作者并没有使用正常的皮肤颜色,而是用了粉红色,整张画的左面是缤纷的色彩,右边是涂污的黑白色。你们再看这张脸是漂亮、有趣还是难看的、可怕的?

(等待小朋友回答。)

老师:是漂亮的脸蛋,而且她的心情是高兴的。安迪用这同样的方法又画了米老鼠、猫王、毛泽东、可口可乐、汤罐头等。安迪在形成这样的风格——波普流派的初期,人们都认为绘画艺术应是门高深的学问,技巧难度是很大的。而安迪像机器生产一样,几分钟就印刷出一幅画,人们很生气,不屑一顾地说,这是什么艺术?这是什么东西?但不久,人们开始谈论安迪·沃霍尔了,并且喜欢他的作品,原来艺术也可以这么简单,这就是当代艺术。今天,老师准备用版画制作的形式让大家尝试波普艺术。

(二)材料准备

1. 一张吹塑纸(15×22.5 cm)
2. 一支铅笔(铅笔头不要太尖太细,要粗些)
3. 油墨滚子
4. 印刷颜料(红色、黄色、蓝色)
5. 彩色卡纸

(三)创作步骤(步骤图4张)

(上课前,老师要在每位小朋友面前放好一张吹塑纸和一支铅笔。)

1. 老师:请画一个自己喜欢的东西,或者画你熟悉的日常生活物品。

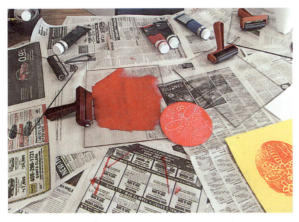

■ 材料准备

■ 油墨滚子

■ 步骤图1

■ 步骤图2

■ 步骤图3

■ 步骤图4

2. 老师：用铅笔在吹塑纸上画上你喜欢的东西或者物品，只要用铅笔画下简单的线条和轮廓线，不要求画细节，因为铅笔头在吹塑纸上不像在白纸上可以画得很细致。如你要在吹塑纸上写上文字，字必须反着写。

3. 老师：铅笔画完后，用油墨滚均匀地滚上印刷颜料。

4. 老师：在吹塑纸上滚完颜料后，把一张彩色卡纸覆盖在这张吹塑纸上，用手抚平。

5. 老师：请小心揭开彩色卡纸，看彩色卡纸上发生了什么？

（让小朋友惊讶于自己的大作。）

6. 老师：我们将油墨滚洗干净，换上另一种颜色，今天我们每人都要相继使用三种颜色，红色、黄色、蓝色，这三种颜色称为三原色，什么是三原色？色彩中不能再分解的基本色称为原色。三原色即红、黄、蓝三种颜色。

■ 作品晾干

四、学生作品欣赏

■ 学生作品1

■ 学生作品2

■ 学生作品3

■ 学生作品系列一

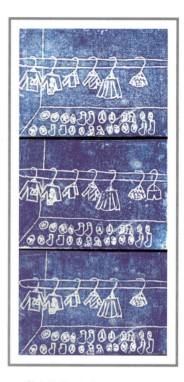

■ 学生作品系列二

■ 学生作品系列三

■ 学生作品系列四

■ 学生作品展示

五、总结

　　流行元素与复制是沃霍尔作品的典型特征，教师参照本课开展活动时，可在欣赏与创作之间引导儿童对他们认为流行的事物进行充分讨论，选择图案简单、几何特征鲜明的流行元素作为表现对象，会让幼儿有更深刻的感悟。此外，由于儿童本身就喜欢重复画自己熟悉的事物，因此也可尝试让儿童用不同色彩重复自己喜欢的同一元素进行创作。

■ 罗伊·李奇登斯坦《砰》（Whaam）
请看这幅画，如果你认为这幅画是从漫画书中撕下来的一张也不算错。因为如果是手绘出来的，画中的小点怎么可能一模一样呢？所有形状的边缘都很整齐，看不到一点笔触，连黑色的轮廓线都像印刷出来的油墨线。但是，令人惊奇的是，这整张画完全是手画出来的。

第 3 课

卡通画
——我是小小的罗伊·李奇登斯坦

一、课程来源

罗伊·李奇登斯坦(Roy Lichtenstein),出生于1923年,和上节课的安迪·沃霍尔一样,也是美国波普艺术大师。罗伊曾在俄亥俄州立大学读美术硕士,先后在三所不同的大学任教,他说:"系统的感知,就是艺术的一切。"意思是说艺术家应该凭借自己的感知能力,在生活中意识到艺术潜能的存在,最后再经过移花接木创作出新的作品。这句话正是我们理解李奇登斯坦艺术作品精神的一个切入点。

20世纪60年代,罗伊受到两个儿子画卡通漫画的影响,并应孩子的要求,把米老鼠的漫画放大到很大的画面上,这件事使他受到启发。从此他就在报纸上的广告、卡通和连环画中寻找素材,以平淡无奇的漫画为基本题材,用丙烯颜料将他们复制放大,通过局部的平涂色块和准确肯定的黑色线条将它们忠实地描绘在画布上,甚至连印刷工艺中的网点也不厌其烦地复制出来。平时,我们在看报纸和杂志时,几乎注意不到,报纸和杂志上的插图是由成千上万个小色点组成的,密密麻麻。罗伊·李奇登斯坦巧妙地将这个原理夸大地呈现在自己的画作上。他是怎么做的呢?画中的小点点怎么可能一模一样呢?原来他把一个打了许多小圆孔的金属板放在画布上,用一支牙刷把颜料刷进圆孔,因此每个圆点看起来都一样了,好像是印刷出来的。他画的所有线条和形状的边缘都很整齐,又是怎么做到的呢?原来他用防护胶带贴住每一处光滑的轮廓,这样上色时颜料才不会超过边线。画完后,再将防护胶带撕掉。另外,他还喜欢用明快鲜艳的三原色:红、黄、蓝和少许绿、黑、白等颜色。他还修改文字的字形,创造出

■ 罗伊·李奇登斯坦《日出》(Sunrise)

■ 罗伊·李奇登斯坦《镜子中的女孩》(Girl in Mirror)

■ 罗伊·李奇登斯坦《戴花帽子的女子》(Woman With Flowered Hat)

简洁、纯化，令人耳目一新又平易近人的艺术风格。

李奇登斯坦的画作主题不仅有爱情和浪漫，也有科幻小说和战争。他把趣味带进了严肃的艺术。他曾说道："我尝试着利用一个俗滥的主题，再重新组织它的形式，使它变得不朽。这两者的差别也许不大，但却极其重要。"

二、课程设计说明

罗伊·李奇登斯坦的艺术灵感就是从帮他儿子画卡通画开始，他像很多现代艺术家一样，对儿童艺术的推崇与模仿直接反映在自己的作品形式中，并通过自己的手法将一幅幅卡通漫画进行改造，最终的作品形象简洁、色彩单纯，很适合儿童欣赏学习。本节课的目标在于通过易于为儿童理解的作品欣赏和体验创作，拓展儿童的美术经验——通过自己的手段对现有艺术符号进行改造与重组也是一种创造。

三、教学过程

建议：让孩子了解以下词汇（但不要求完全记住）

卡通：Cartoon的中文音译。卡通包含多种艺术形式，各种形式间既有关系，又有区别。今天人们使用"卡通"一词，指的是漫画、动画，或使用动画技术制作的电影和电视。

（一）名画欣赏

（老师应先向小朋友介绍一下罗伊·李奇登斯坦的生平经历和代表作品，然后再指着墙上的画进行展开。）

老师：现在我们来欣赏罗伊的一幅名画《女孩和球》。一天，罗伊在一张新闻报纸上看到一幅广告，这个广告是美国宾夕法尼亚州一个度假村旅馆的广告，画的是一个女孩在打球，罗伊很喜欢这幅广告，但他没有完全照抄，而是去掉广告上的文字，只把女孩的形象画到一个很大的油画布上。

老师：罗伊把这位少女形象变成了一个巨大的卡通画，这形象用大胆的轮廓线和鲜艳平涂的色彩组成。关于她有很多奇怪的事情，她的头发吹在风中，她的胳膊伸得高高的，她的腰很细，她看起来像个娃娃。再凑近一看，她的皮肤上有很多小点点。原来罗伊想模仿印刷中的点点。他用一个放大镜观察报纸上的点，再把这些点放大画在他的作品里，这些点，使女孩皮肤上的灰色深浅不同。

老师：我们每天随处可见的流行广告图片让罗伊着迷。他临摹了上百个这样的图片，把它们都画进了他的卡通系列风格中。

老师：你觉得这女孩怎么样？哪些细节告诉你的？

（等待小朋友回答。）

老师：她的眼角往上，嘴巴张得大大的，涂了鲜红的口红和球的红色正好相对应。

老师：她的头发有什么不寻常？

（等待小朋友回答。）

老师：她的头发被风吹了飞起来。

老师：她的手臂有什么不寻常？她下一个动作是什么？

（等待小朋友回答。）

老师：她的手臂高高举起，下一个动作是准备投球。

老师：什么地方使这个女孩看起来像虚构的和假的？

（等待小朋友回答。）

老师：黑黑粗粗的轮廓线，夸张的表情，鲜艳平涂的颜色，以及大量的点，使这女孩看起来像虚构的人物。

（现在准备让孩子们用罗伊的卡通绘画风格来创作。）

（二）材料准备

1. 一张素描纸、毛笔、剪刀
2. 水粉颜料
3. 非水溶性的马克笔
4. 气泡包装纸
5. 从杂志上剪下的若干张广告画或卡通画

■ 罗伊·李奇登斯坦《女孩和球》（Girl with Ball）

（三）创作步骤

（老师上课前要在每一组小朋友的桌子上放上一堆从杂志上剪下的广告画和卡通画。）

1. 老师：现在我们学罗伊·李奇登斯坦，在老师给的一堆广告画和卡通画中，选一张自己最喜欢的人物或者动物，请将白纸覆盖在上面临摹下来。

2. 老师：请用铅笔勾完轮廓线后，再用非水溶性的马克笔把铅笔线描一遍。

3. 老师：把气泡包装纸剪下一小块，用毛笔蘸上自己喜欢的水粉颜料，涂在气泡包装纸的气泡上，涂好几个后，再用这块气泡包装纸有气泡的一面盖在画好的人物和动物上，盖完一处再盖一处，把人物或动物全部盖完后，洗干净这块气泡包装纸再涂上另一种颜色，再接着盖背景，一直到这幅画大体上全部盖完。

4. 用气泡包装纸只能盖个大概，还有局部的地方请用铅笔末端的橡皮头，蘸上颜料把细节都盖上色点。

5. 尽量用明亮的色彩，为了得到一个清楚的卡通形象，所画的卡通形象的颜色和背景的颜色要相区别。

■ 步骤1

■ 步骤2

■ 步骤3

■ 步骤4

四、学生作品欣赏

■ 学生作品1

■ 学生作品2

■ 学生作品3

■ 学生作品4

五、总结

　　让孩子从熟悉的广告或卡通画中对形象进行取舍，再勾线打点，为孩子提供尝试—发现—体验的探索机会，让他们在制作过程中，体会到对一个熟悉的视觉形象进行改造与重组后的新的视觉感受。除了直接模仿罗伊·李奇登斯坦的方法，是否还有其他对熟悉图像进行改造的新方法呢？除了教师提供的卡通形象，孩子们是否还有自己的想法呢？教师们在参照本课开展美术教学时可以启发孩子们作进一步的思考与尝试。

■ 张伯伦的"汽车"雕塑1
  当你走进一家著名的博物馆,看见一部压成一团的废弃小轿车,你一定吓一跳,这不会是车祸现场吧?

第4课

回收与创作
——我喜欢综合材料（Collage）

一、课程来源

约翰·张伯伦（John Chamberlain），出生于1927年，专门利用废弃的汽车、机械碎片进行创作而举世闻名。他从小是在美国芝加哥由祖父抚养成人的。1943年，他加入海军，在太平洋和地中海服役。退伍后从事理发师和化妆师的职业，也就是在这个时候他开始尝试学习画画。他先后进入芝加哥艺术学院，南加州的黑山学院学习美术。张伯伦指出自己早期的艺术创作受到很多画家、诗人以及雕塑家的影响，尤其是克莱恩和德·库宁，他曾说："克莱恩让我明白了雕塑，而德·库宁教会了我色彩。"

1956年他搬到了纽约，开始崭露头角。他尝试使用汽车的各个部分，创作出充满活力的雕塑。他最喜欢的事情就是跑到汽车废弃场寻找材料，这些材料又经济又实用，拿回家后，他就把废弃的破车切割、粉碎、扭曲，各种尺寸的零件在他手下如同纸版一样被弯折，形成一件件拼贴版的作品，而逐渐增加的尺寸与其展示的平衡，显示了他惊人的材料运用能力。他曾说："某天，某些废弃的物品跳到你的面前，你捡起它，接管它，并将其置于某处，而它正好合适。这就是对的事物在对的时候置于对的空间的美感，这无论对于文字还是金属等其他材料都是同样的原理。"

同时，透过鲜亮的颜色，张伯伦也打破了"色彩属于绘画"的普通认知。他将汽车特定部位，以滴流、喷洒等方式上色，在原有的颜色上增加

■ 张伯伦的"汽车"雕塑2

■ 张伯伦的"汽车"雕塑3

■ 张伯伦和他的宝贝——汽车垃圾零部件

更自由狂放的感觉，造成刻意涂鸦的效果。他对颜色的这种执着与探索，可以被视作对自己仰慕的艺术家梵高、马蒂斯的敬意。

也许，我们以前一直认为一辆旧二手车，应该结束在一个垃圾场，但张伯伦以事实告诉我们，废弃的汽车也可以具有新的生命。

克里斯·奥菲莉（Chris Ofili）。出生于1968年的英国艺术家克里斯·奥菲莉，在切尔西艺术与设计学院获得本科学位之后，到英国皇家艺术学院又拿到了硕士学位。克里斯的作品通常是巨幅的、色彩鲜艳、活泼的油画，上面总是细致地使用细小镶嵌的圆点、金属和少许杂志上的图案剪贴。但最引人注目的是他用大象的粪便作为绘画材料来创作。1992年，他获得了一笔奖学金，前往非洲津巴布韦旅游，这对于有着尼日利亚血统的他是一次重要的人生经历，在那里，克里斯专心研究洞窟壁画，并启发他将特殊的材料（包括大象粪便）运用到他的艺术创作中，从而表现爵士、嘻哈、漫画、种族偏见等主题，同时作品中的装饰风格也是他对黑人身份问题的有趣探索。所以迄今为止，克里斯在他所有的艺术作品中使用过大象粪便成分。开始，象粪是由非洲走私而来，后来又从伦敦动物园获得。大象粪便要先在烘干机上经过干燥处理才能使用。克里斯不仅仅把大象粪便作为创作的材料，他还用大象的粪便当作底座来撑起自己的巨幅作品。

克里斯的作品不仅有创新的想法和细致的技巧，而且融入了对于当代城市文化的多层面的参考和对艺术历史的感悟，例如《Afrodizzia》（2nd Version）作品中六堆有光泽的大象粪便被以一种兀术的方式镶嵌上了3位名人的名字，这件作品展示了他对艺术史、圣经、说唱音乐和黑人身份的关注。

■ 奥菲莉用大象粪便当作底座撑起自己的巨幅作品

■ 克里斯·奥菲莉《Afrodizzia》

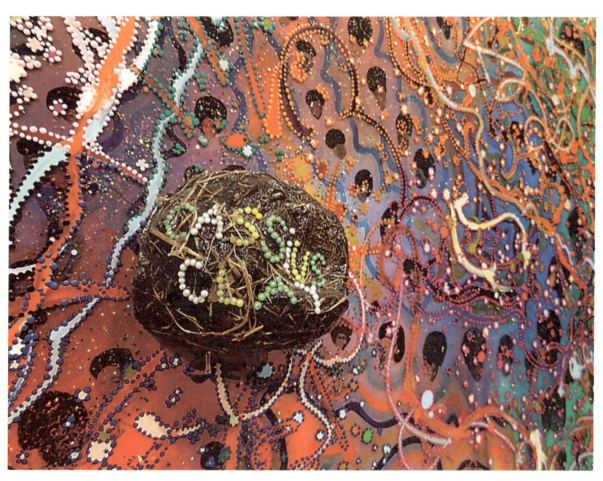

■ 奥菲莉将大象粪便黏在画面上

阿方索·奥索里奥（Alfonso Ossorio），出生于1916年，是位美国画家，平时喜欢狂热地收集各种各样的日常物品。他收集了各种寻常和不寻常的东西，数量惊人，比如各种石头、骨头、贝壳、牙齿、鹿角、棍子、项链、戒指、珍珠、亮片、镜子等，他把这些零零碎碎的小东西都囤积起来。创作时，再把这些小东西放在一个大盘子里，摆放在工作间中。看着这些各式各样、五花八门的小东西，阿方索才思涌泉，他一会蹲在画前，一会站在椅子上，不断地思考着怎么摆放好看，怎么调整构图。

阿方索的眼睛不同于常人，他可以发现这些零零碎碎东西的潜质，并将它们锯断、取舍、涂上清漆、加工后再组合在同一张画布上，他称这样的作品为"集合"。（如图：阿方索·奥索里奥的综合材料《平衡》。）

这些经过废物利用的艺术作品，促使我们观众用一种不一样的眼光去看待日常零零碎碎的物品。这就是为什么我们需要透过艺术家的眼睛去看事物的原因。

二、课程设计说明

从刚才前面三位艺术家的艺术经历，我们了解到综合材料独有的一些特点：一是寻找新材料，二是变废为宝，三是将绘画变成了一种不同于传统绘画的特殊体验。这样的动手实践操作使其不仅对孩子具有吸引力，而且可以让孩子在参与过程中实现丰富的教育功能。

本节课的目标在于引导孩子通过对各种材料、技巧和创作过程的探索及实验，感受各种材料的特性，发展艺术感知能力和造型表现能力。

三、教学过程

建议：让孩子了解以下词汇（但并不要求完全记住）

综合材料（Collage）：传统绘画是以颜料、笔墨、画纸和画布等作为基本材料。综合材料绘画突破了传统绘画的基本材料，在传统绘画材料的基础上，创造性地将自然界、日常生活中各种可见的材料和废弃物品用作创作材料，如泥巴、砂石、咖啡、树叶、木头、报纸、破布、麻袋、金属、别针、轮胎，有的甚至将绘画和装置艺术结合起来。

（一）名画欣赏

老师：现在我们欣赏的第一张图片是美国著名雕塑家约翰·张伯伦的雕塑。

（老师指着《张伯伦的"汽车"雕塑1》给小朋友讲解。）

■ 阿方索·奥索里奥的综合材料《平衡》

老师：当我们第一眼看到这件雕塑时，会不会吓一跳，这不是一堆废铁压缩在一块吗？但是这堆废铁看起来又不像一般废品，它有棱有角，方中带圆，圆中带方，似乎有一种力量感。你们觉得这件雕塑像什么？

（等待小朋友回答。）

老师：有小朋友说像一部小轿车被压扁了，说得很对，张伯伦特别喜欢收集破旧的汽车，他还专门跑到汽车回收厂去挑选汽车的零件，回家后再重新组装、上色，经过他的巧手，这些报废的汽车变成了一件件雕塑作品。

老师：我们再欣赏第二件作品，这是英国年轻的艺术家克里斯·奥菲莉的作品（图《Afrodizzia》）。

老师：大家看这幅图，这幅黑乎乎的画画的是什么呀？

（等待小朋友回答。）

老师：我来宣布答案，这画的是一个人，这个人梳着非洲人喜欢的发型。这个人使用了许多令人吃惊的闪光材料做成，比如闪光亮粉，还有图钉、剪切的杂志碎片等，再仔细看看，你会发现三个巧克力色的球，一个球是在这个人的项链上，另外两个球是在画框下的两边，用这两个球支起这幅画，你们猜猜这三个巧克力似的球是什么做的。

（等待小朋友猜测一番后，老师再给答案。）

老师：这三个球是用大象的粪便做成的，这位英国画家克里斯·奥菲莉跑到动物园讨回一些大象粪便，用手搓成圆球，再用烘干机烘干。总之，他要把球做得很结实，不能散架了，不然怎么能够支起他自己的巨幅画作呢？

老师：小朋友也许很奇怪，怎么用大象粪便来做画？太臭了。原来，有一次克里斯去非洲旅行，他突然有了灵感，为什么不用大象的粪便来表现非洲呢？表现我们黑人呢？从此，他在许多画里都用了大象粪便，大象粪便成了他的标志。这样，他的作品一下子就能给别人认出来了，成了独一无二的作品，好不好玩？

老师：我们现在欣赏最后一幅画，它是美国艺术家阿方索·奥索里奥的《平衡》。我先提个问题，你们平时喜欢收集小东西吗？比如糖纸、巧克力包装纸、邮票、旧照片、小纽扣等，还喜欢把它们摆放在一起，看看有多漂亮，对吗？

老师：当今很多画家已经不爱用毛笔蘸着颜料画画了，他们总爱寻找新的方法新的材料进行创作。这幅画的作者阿方索·奥索里奥，他不但是个画家还是个寻宝人，他喜欢收集小珠珠、亮片片、小铁钉、螺丝、碎玻璃、硬币、绳子、塑料字母、数字等。

老师：他怎样利用这些东西来画画呢？创作时，他先在木板表面涂上厚厚一层胶和油漆的混合物，然后在木板上东黏一点东西，西黏一点东西，他当然不是乱黏，而是经过思考比较，觉得怎么黏好看，就怎么黏。

老师：大家看这幅画《平衡》，这幅画全是阿方索收集的小玩意黏成的，你们感觉是不是很丰富多彩呀？

老师：好，现在老师把自己平时收集的小东西放在小筐子里，给小朋友自己挑选，准备创作自己的艺术品吧。

（老师准备让小朋友像阿方索那样将老师给的小物件经过折叠、撕、挤、压、剪、贴、黏、涂等技巧来创作综合材料绘画。）

（二）材料准备

1. 八开大小的白卡纸
2. 毛笔、胶水、儿童安全剪刀
3. 每桌一筐小杂物（内有图案的黏纸、碎花边、丝带、羽毛、彩色纸片、绸布、树叶、小珠片、串珠、纽扣、彩色布头等）

（三）创作步骤

（建议让每几个小朋友围成一桌坐好，每桌中间都摆放相同的材料，每人面前放一张白卡纸。）

1. 老师：今天，我们准备用两种方法做综合材料绘画，但每个人只要选择一种方法。第一种是用毛笔蘸上胶水，把这张白卡纸全涂满，像阿方索·奥索里奥一样，他在木板上全涂满胶水，我们是在白卡纸上涂满胶水，接着在小筐里挑选自己喜欢的小物件，黏在白卡纸上，你觉得怎么摆放漂亮就怎么摆放。

2. 老师：黏完一些小物件后，趁白卡纸上的胶水未干，我们可以撒上一些亮粉，喜欢的小朋友可以选择自己喜欢的颜色，用食指和大拇指夹起一点点，撒在自己的画上，撒多少？撒在什么位置？就看你的眼光了。不喜欢亮粉的小朋友可以不放。

3. 老师：现在再讲第二种方法，直接挑选自己喜欢的小物件，在反面涂上胶水，黏在卡纸上，你觉得怎么摆放得漂亮，就怎么摆放。

4. 老师：挑选的小物件可以再加工，比如用剪刀修剪一下再黏在卡纸上。

5. 老师：全部黏完后，我们还可以做最后的修饰，比如用儿童安全剪刀剪一段小花边，系个蝴蝶结，再用胶水黏在画面的一角，或者再黏上几个小纽扣。（如下面的步骤图）

■ 步骤1：精心挑选材料

■ 步骤2：考虑将材料怎么摆设

■ 步骤3：大体构图完成

四、学生作品欣赏

■ 学生作品1

■ 学生作品2

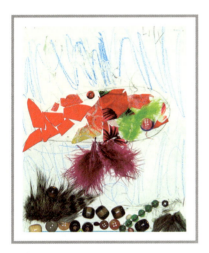

■ 学生作品3

■ 学生作品4

■ 学生作品5

五、总结

  这堂课不是单纯的手工制作，而是一种使用多种材料的艺术创作，既让儿童在制作过程中满足自主操作、实验、表现的愿望，体验成功的快乐，又可以拓展孩子的艺术经验，让他们意识到艺术的语言是多样化的，生活中的任何材料都可以作为艺术表现的材料，且艺术有多种表达方式，不同的表达方式是可以相互借鉴和融合的。

  如果孩子对本课表现出浓厚的兴趣，教师还可进一步设计让儿童可以继续探索的延伸活动，如在区域活动中提供各种物品（要确保安全性），鼓励儿童进行自由探索；对持续表现出兴趣的儿童，可与他们探讨生活中还有哪些材料可以用于艺术创作，什么材料可以更好地表现他们感兴趣的主题，等等。

■ 埃德·拉斯查《四月前无须付款》(Pay Nothing until April)
一些画家喜欢把语言文字放在自己的绘画作品里。他们让文字的排列组合给自己的作品带来新的能量，并赋予新的含义。当你看到这些含有文字的大师的作品时，你有什么想法？

第5课

绘画与文字
——我喜欢文字的排列

一、课程来源

埃德·拉斯查（Ed Ruscha），出生于1937年，和欧姬芙一样也是毕业于芝加哥艺术学院。在大学时，他就注意到当时流行的达达艺术和其他流派，并将自己的创作转向文字与绘画的紧密结合。此后，他的作品将本土语言与城市风景画完美结合在一起，创造出一份都市的感觉。在他的画面里，文字永远是主角，放在画面正中和前景的位置上，背景有时是险峻的山脉，有时是宁静的湖面，有时只是模糊虚幻的单纯色彩。就是靠着这些文字，他创作出一批极富视觉冲击力的文字油画作品。他曾说："当你把前景的文字看成一种几何形状，而并非具体文字时，你就可以达到我的境界了。"半个世纪前，拉斯查成了波普艺术的代表人物之一；半个世纪后，美国总统奥巴马放弃追随历届前任总统的审美，改用他的大作来装饰白宫的居室，以表明自己开明的头脑和前卫的艺术品位。（如图：埃德·拉斯查《阳台的音乐》）

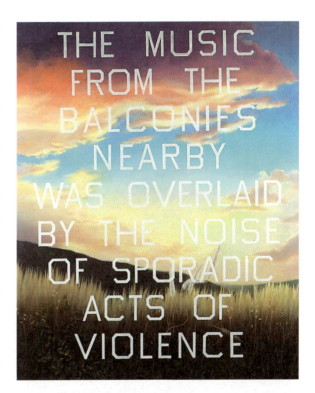

■ 埃德·拉斯查《阳台的音乐》（The Music from the Balconies）

■ 埃德·拉斯查《雨中的好莱坞》（Hollywood in the Rain）

陈心懋（Xinmao Chen），出生于1954年的中国艺术家陈心懋一直是将中国传统水墨画走向当代的开路先锋。20世纪80年代中期，他还在南京艺术学院攻读硕士学位时，就已经在当代画坛崭露头角。20世纪80、90年代的中国，时代精神正经历着峰回路转的变迁，翻开所有评论陈心懋的文章，几乎都会用"创新"来形容这位艺术家。确实，陈心懋生活在一个全社会改革开放、当代美术也不断变革的年代里，他曾目睹了中国美术从"文革"时期的主题性绘画到法国卢浮宫的绘画模式再到俄罗斯巡回画派，一直到今天，美术的概念不断被时代冲击和重新定义。如今，他的大胆、创造力和实验精神还正源源不断地给当代美术注入新的血液。

近十几年以来他创作了大量的以文字为主体的经典作品，面貌变化多端。比如在《有文字的陆地》系列中，蓝色和黄色分别代表海洋和陆地，文字拓印在上面，使作品现代的形式与古老的气息相映生辉，丰富的画面将观众引入远古，令人神思遐想，更令我们发出岁月不再、世事茫茫的感慨。在《蓝色史书》系列中，画面上只有拓印的佛经文字和斑驳的蓝色，他用这些文字托物言志，精神所指、深沉之致。

更为极端的是，他又在画面上将文字进行反复拓印，层层叠加的文字最终呈现出的是一个个模糊不清的块面结构的纯抽象图式，陈心懋将其称为《史书·错版》系列，他将文字与墨韵自然地融合在一起，写出了蕴藉深渊、余韵无穷的哲学意味。在《水墨灵石图》系列中，石头的笔墨情韵与文字相得益彰，清新婉约。如果这些画面上模糊片段的文字都是精神所指的话，那么艺术家对文字与中国画的结合已达到了一种痴迷的境界。在上海华东师范大学艺术学院的画室里，他曾对学生说："一切的文字类型都是符号，在当代美术中，文字作为一种符号运用越来越多样，尤其是我们的中国文字，其构成的两大主要方式就是象形和会意，所以我们的文字本身就有理性的提炼在里面。这个提炼给了我们很好的借鉴和依据，文字结构的依据和经验是我们祖先优秀的智慧与宝贵遗产，我们为什么不拿来用呢？"

■ 陈心懋《有文字的陆地》（Land with Characters）

■ 陈心懋《蓝色史书》(Blue Historical Records)

■ 陈心懋《史书·错版》(Historical Records. Mixed Prints)

■ 陈心懋《水墨灵石图》(Chinese Ink Portrait of Spiritual Stone)

徐道获（Do Ho Suh），出生于1962年的韩国当代艺术家。在他的《欢迎》系列作品中，用橡胶材料做了一个房门口的鞋垫子，橡胶垫子上全是几百个相同的小人举着手臂，垫子正中是英语单词"Welcome"——欢迎。因为他长期在首尔、纽约和伦敦三个城市之间来回奔波工作，时常想念韩国的亲人。每到一个地方人们对他说的最多的话就是"欢迎"。这使他感到非常温暖，更使他对人与人之间的关系以及我们的生活与社会之间的关系等问题进行深入地思考。

■ 徐道获《欢迎》（Welcome）

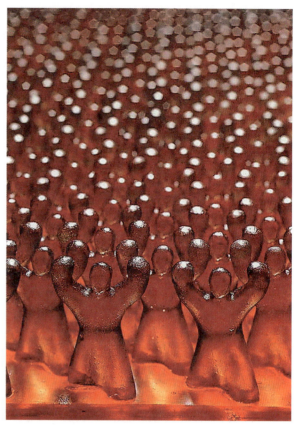

■ 橡胶垫子上全是相同的几百个小人

二、课程设计说明

　　让孩子们从艺术家作品中感觉到文字的排列组合的形式美，而文字的意思与画面主题内容并无多大关联。因为学龄前儿童认识的文字很有限，并不知道文字的含义，只要让孩子们在欣赏艺术家作品和自己创作过程中，感受到文字在画面构成中的齐一、对称、平衡、比例、节奏、对比、调和、统一等一些有意味的形式。

　　本节课的目标在于引导孩子学会欣赏以文字为主题，以文字为符号的当代名作。扩充美术词汇，展示在绘画创作中对文字的排列组合，加强对线、形和色彩概念的理解。

三、教学过程

　　建议：让孩子了解以下词汇（但不要求完全记住）
　　前景：在画面中离观众最近的图形。
　　中景：在画面中前景和背景中间的图形。
　　背景：在画面中离观众最远的图形。

（一）名画欣赏

老师：我们现在欣赏的第一幅画是美国艺术家拉斯查的《四月前无须付款》(Pay Nothing Until April, 2003年)。你们看这幅画，背景是蓝色的山脉，这蓝颜色非常漂亮，在画面右下角有一块深蓝色的阴影，在阴影的衬托下，山脉的蓝色更加鲜艳。你们看这幅画中前景是什么？什么是前景？前景就是在画面中离我们最近的图形。那离我们最近的图形是什么呢？

（老师等小朋友回答完后再公布答案。）

老师：前景就是几乎占满画面的白色英语单词。这英语单词是什么意思？也许小朋友们看不懂，这没什么关系，因为这些英语单词是作为图形来表现，具体什么意思不重要。只要我们觉得这画面很漂亮就行。这幅画是画家用摄影与版画相结合创作完成的。除了摄影、版画、油画外，拉斯查还用各种各样奇怪的材料创作艺术。比如火药、红酒、蔬菜汁、植物和各种调味酱都成了他创作的材料，你们觉得好不好玩呀。

老师：我们再来欣赏一幅中国艺术家陈心懋的《有文字的陆地》。大家看看这幅画像什么？

（等小朋友各抒己见后，老师再用一根彩色羽毛指着画面讲述。）

老师：像不像一幅地图？黄颜色是我们生活的陆地，周围的蓝颜色是不是大海呀？

（等小朋友观察之后，老师接着说。）

老师：这一大片黄颜色有深有浅，有厚有薄，好像一片陆地上有高山、有草原、有湖滨，还有城市和乡村。在陆地的周围是蓝色的大海，大海上有一排排一行行整齐的文字，这是中国的方块字，和我们刚才看到的那个美国画家拉斯查的巨大的清晰的英文字不一样，这些字模糊不清，感觉很古老很陈旧，就像中国古老的文化，古老的历史一样。

老师：现在我们再来看最后一张图片，图片上是一个放在门口用来踏脚的垫子，我们每个人家门口是不是都放了这种垫子，你们说说自家门口的踏脚垫是什么花样图案和颜色呀？

（老师等小朋友回答完自家的踏脚垫是什么颜色和图案后再开始讲解照片上的垫子。）

老师：照片上的踏脚垫子可不是一般的垫子，这是一件美术作品，而且是很有名气的作品。不就是一个垫子，为什么名气很大？因为上面有一个英语单词(Welcome)，意思是欢迎。为什么用欢迎而不用别的英语单词？因为这位韩国艺术家经常到世界各地工作出差，每到一个地方，人们都要对他说"欢迎""欢迎"。"欢迎"是他听到的最多的语言，他感到非常舒服，感觉到人与人的关系友好。所以他用一个垫子和上面的"欢迎"来表现友谊和关爱。

（今天，老师准备用粘贴画的形式让小朋友尝试文字的排列组合。）

（二）材料准备

1. 素描纸(16×25 cm)，每人3张
2. 英文单词的即时贴
3. 水彩颜料、水彩笔、调色盘、洗笔杯子
4. 白色蜡笔（每人一支）
5. 彩色粉笔
6. 杂志上剪下的彩色图片、胶水、儿童安全剪刀

(三)创作步骤

1. 老师：今天请小朋友用三种方法创作三张不一样的画来表现文字与图画的结合。第一种方法是任选一张英文单词的即时贴，将它贴在一张素描纸的正中，或偏左、偏右、偏上、偏下点都可以，贴好后挑选自己喜欢的颜料色粉笔将整个素描纸全部涂满，涂的过程中可以用另外一支色粉笔交叉使用，这样画面的颜色就丰富起来，涂完后可以用手或柔软的餐巾纸在素描纸上擦一擦。让两种颜色甚至多种颜色融为一体。

2. 老师：全部涂完后，可以将素描纸中的即时贴拿掉，请小心揭开，露出白色的英文单词。（老师这时可以走到每个小朋友面前帮助他们揭掉英语单词的即时贴。）

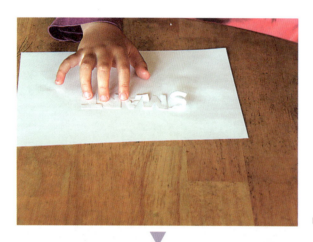

■ 步骤1：将英语单词的即时贴贴在纸上

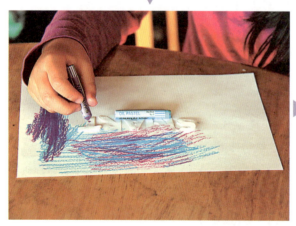

■ 步骤2：用色粉笔将画纸全涂满

■ 步骤3：撕下即时贴

3. 老师：哈哈，大家看一看，我们现在的作品像不像拉斯查的作品。

4. 老师：现在学第二种方法了，请用白色蜡笔在素描纸的中间位置上写下刚才即时贴的英语单词。如果不懂单词的意思或不会写都没有关系，只要照着描下来就行。写的时候请用力些，写完后再用水彩笔蘸上自己喜欢的水彩颜料，将素描纸涂满，涂的过程中可换另一种颜色，让两种水彩颜色融为一体，这样画面的色彩就有变化了。另外我们在涂的时候，要一笔接一笔，不要反复在纸上涂抹，这样刚才用白蜡笔写字的地方，因为蜡与水不会融为一体，白色的字体就会马上显现出来。

■ 步骤1：用白色蜡笔在纸上写下一英文单词

■ 步骤2：用水彩颜料将纸涂满，蜡笔写的字体就显现出来

（老师帮助小朋友用水彩笔蘸着颜料在纸上果断大胆地涂抹，叮嘱小朋友不要用水彩笔反复摩擦，这样白色的蜡笔字体就会模糊不清。）

5. 老师：现在我们学最后一种方法，老师刚才已在每一小组的桌子上放了一盒各种各样的从杂志上剪下的图片，请小朋友选择自己喜欢的图片用胶水贴在素描纸上，图片可以用剪刀修剪一下，位置怎么摆放好看就怎么放。

■ 步骤1：粘贴图片

■ 步骤2：将英文单词的即时贴贴在画面上

6. 老师：尽量选择主题内容接近的图片放在同一张素描纸上。

7. 老师：当图片贴完后，我们找到了与刚才相同的英语单词的字母图章或者即时贴，贴在完成的作品上。英语字母摆放在什么位置好看就怎么摆放。

8. 老师：差不多快完成了，再检查一下，有没有要修剪的地方，或者再贴上一些图片。

9. 老师：每人3张作品，大功告成。请将三张完成的作品从上到下放在自己的面前，欣赏一番，看看当文字与图画结合在一起时，是不是又时尚又新奇？

四、学生作品欣赏

■ 学生作品1　用3种方法来表现Smart这个单词

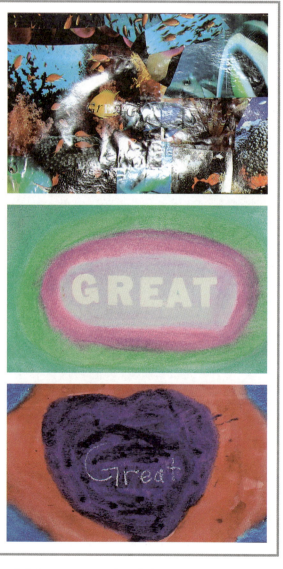

■ 学生作品2　用3种方法来表现Great这个单词

■ 学生作品3　用3种方法来表现Epic这个单词　　　　■ 学生作品4　用3种方法来表现Awesome这个单词

五、总结

  这堂课是让孩子实践自我发现的旅程，不要指望孩子学到多少知识，老师只要让孩子放开自己的双手，肯定孩子的见解，鼓励不同的创作方法就可以了。而老师需要展示技法技巧，有些时候老师可以帮助孩子玩材料，发挥材料的特性，使得孩子享受玩颜色的笔墨笔趣，鼓励孩子用实验的精神展开创作。

■ 弗里达·卡洛《墨西哥与美国边界的自画像》(Self-portrait on the Borderline Between Mexico and the United States)
请看这幅画，一位女士站在两个完全不同的世界中间，这是她的记忆还是白日梦呢？你平时也爱做白日梦吗？你是不是觉得某些记忆和白日梦特别清晰？

第6课

留下我的记忆
——小画家&小心理学家

一、课程来源

弗里达·卡洛(Frida Kahlo),出生于1907年的墨西哥女画家,是20世纪最引人争议的女画家,她短暂的一生充满了传奇色彩。从关于她生平的好几部电影、数不清的画册与传记中,我们了解到她和大多数拉丁美洲人一样,是欧洲人和当地印第安人的混血儿,所以天生浓眉大眼、五官端正秀丽、有着惊人的美貌。她从小聪明活泼,虽然6岁时得了小儿麻痹症,但这并不影响她假小子的性格,另外她还有一位深爱着她的当摄影师的父亲,被称为"墨西哥首席官方摄影师"的他总是鼓励弗里达努力探索知识,经常带她出去采风,还教她在显微镜下观察动植物细胞,这使得长大后的弗里达在艺术上的观察总是细致深入。等到上中学时,父亲把她送往全墨西哥最好的中学就读。可是在她18岁时,一场车祸改变了她的一生,她虽然死里逃生,但浑身是伤,这次车祸造成了她在接下来的人生中又经历了32次大小手术,有一年她躺在床上一动也不能动,穿着由皮革、石膏和钢丝做成的支撑起脊椎的胸衣。疼痛经常让她生不如死,也许正是近在咫尺的死亡和病床上的无助,使她

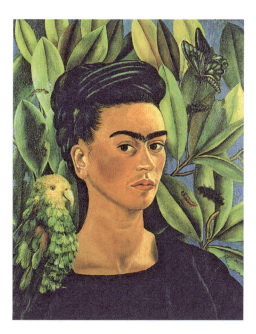

■ 弗里达自画像1

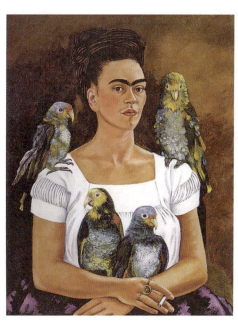

■ 弗里达自画像2

产生了通过绘画来表达自己内心的强烈愿望。她以极大的耐心和毅力一丝不苟地完成了这些画作的细节。肉体与精神的痛苦结合，成为她初期绘画的源泉，甚至映射到她终身的全部作品。

1929年，她与被誉为墨西哥文艺复兴的美术巨人的里维拉结婚。他俩认识初期，弗里达总是拿着自己的画作去请教里维拉，里维拉对她耐心指点、教诲、鼓励与提携。里维拉认为她绘画中纯净而热烈的墨西哥民间风格，恰恰掩饰了她技法经验上的不足，里维拉是真正理解弗里达的人，某种意义上，是里维拉将她的荣耀从墨西哥引向了全世界。但是婚后，因为丈夫的不忠，弗里达对里维拉爱恨交织，一方面因丈夫的声望才华以及艺术上的共鸣而无限依赖，另一方面又因丈夫无休止的背叛恨之入骨。她不知因为想报复丈夫，还是拉丁民族的天生浪漫，日后她也情人无数。

在弗里达一生所创作的200多幅画中，三分之二是记录她人生痛苦的自画像，她透过金翅雀、百合花、石榴、樱桃、柠檬等动植物与不调和的原野配合，揉和在自我映照画像中，她眼神中带着苦闷，身穿墨西哥服饰，浓密的一字眉和大

■ 弗里达·卡洛《两个弗里达》(The two Fridas)

眼睛，佩戴大件珠宝和热带花朵。正是在这些自传式的自画像中，弗里达真实地记录了她备受折磨的人生。弗里达借由"痛苦"开始的绘画创作，再通过绘画治疗"痛苦"。绘画虽是无言的，却能植入人的内心达到治疗痛苦的功效。著名心理学家弗洛伊德就曾提出过艺术创作与心理治疗的关系，认为人的本身就有创作的本能，通过绘画，能将潜意识里所压抑的情感宣泄出来，并且还可以从创作中获得满足。

她的一幅著名画作《两个弗里达》就是自我分裂人格特征的代表作品，她曾表示《两个弗里达》是对儿时记忆里想象的一个虚幻的朋友的回忆。两个弗里达，一个是骄傲的、敏感的、戴上面具的弗里达，另一个则是身心疲惫、支离破碎的弗里达，借由绘画中的创新，她找到了一种自我认同的方式。

她曾和丈夫去美国旅游了一段时间，画了一幅名画《墨西哥与美国边界的自画像》，这幅画里，弗里达身穿粉红色欧洲长裙，手戴花边手套，一副盛装打扮。左手拿着墨西哥国旗，右手叼着一支香烟，站在画面中央的位置上像雕塑一般。画面左边的太阳和月亮同时出现在天空中，它们一接触就爆发出强烈的闪电。画面左边代表的是她热爱的墨西哥，有神庙、原始乱石堆、面具和前哥伦

■ 弗里达自画像3

布时期的胖娃娃,地上还开满了艳丽的花。在画的右边,美国国旗飘扬在烟囱耸立的工业废气中,下面是摩天大楼的工业城市底特律,烟囱像机器人在行走,地上长出的是灯泡而不是庄稼。她以充满想象的方式,讲述着她的记忆和感觉。另外,画面上美国正用一根吸管插在墨西哥的土地上吸取墨西哥的"营养"来发展自己的工业。弗里达告诉人们:墨西哥才是她的家,她应该住的地方。

1953年,弗里达的身体健康状况不断恶化,她的丈夫里维拉不离不弃,陪她度过了一段平静的日子。1954年7月,她在日记里留下最后的话:"我希望离世是快乐的,我不愿意再来。"终于她离开了这个令她痛苦的世界。

2002年威尼斯电影节以好莱坞的传记片《弗里达》作为开幕影片,将这位女画家(1907—1954年)定格为一道永恒的风景。弗里达在百年之后还被好莱坞和普通民众热爱,是因为她迷人的女性气质,曲折传奇的生活,还有凝结着她生命体验的诸多画作。但这部电影还是远远不能概括弗里达一生的风光与痛苦。

二、课程设计说明

弗里达的一生充满痛苦,画画是她通过自我表达和自我交流释放情绪、疗愈自己的一种方式,不论是自画像还是她脑海里出现的东西,她画的都是自己和自己的故事。在这一点上弗里达的作品和儿童的作品有着本质上的一致性。由于美术符号和视觉现实有着非常明显、直接的关系,因此对于尚不能很好地用言语表达自己的孩子来说,创造一幅情绪强烈的主题画比语言更能表达自己的感受和想法、宣泄自己的情绪。

绘画是想象的艺术,本节课的目标在于引导孩子在绘画中自由抒发情感,进行自由式的想象与情节描述训练,使孩子的组织能力、想象能力、表述能力得到综合训练与提高。

三、教学过程

建议:让孩子了解以下词汇(但并不要求完全记住)

颜色:颜色是人对光的一种感觉。

线条:绘画时勾画的或曲或直或粗或细的线。

形状:物体或图形由外部的面或线条组合而呈现的外表。

(一)名画欣赏

(老师应先介绍一下弗里达·卡洛的生平经历和主要作品。)

老师:请看《墨西哥与美国边界的自画像》这张画,画的是弗里达和她的丈夫去美国旅游的一段记忆和感受。

老师:大家看,站在画面中间的穿粉红色长裙的妇女就是弗里达本人,这是她画的又一张自画像,她手里为什么拿着一面墨西哥国旗?从画面上看,她站立的两边是完全不一样的世界,在画面的左边我们看到了什么?

(让小朋友观察后回答。)

老师:她手里拿着她的祖国墨西哥的国旗,表示在美国旅游期间很想念自己的国家墨西哥。在画面的左边我们看到了天上同时有太阳、月亮和闪电。远景有墨西哥古代建筑——神庙,中景有乱石堆、面具和娃娃,近景是种植的庄稼和鲜花。我们再看画面的右边画的是什么呀?

(让小朋友在画面上寻找答案。)

老师:右边远景画的是美国的摩天大楼,美国国旗飘扬在烟囱的废气里,中景画的是一排排机器在行走,近景画的是大灯泡,还有一根吸管从美国那边伸往墨西哥这边吸取电和营养。

老师:你们仔细看看她脸上的表情是什么样的?她两手交叉放在前面,意味着什么?

老师:这张油画是弗里达在1932年画的,

描绘了她住过的两个地方,她把这两个地方放在同一张画面中相比较,你认为弗里达对这两个地方有什么不同的感受?

(让小朋友们思考后再回答。)

老师:她把墨西哥画得很美丽,还有很多悠久的历史文化。把美国画成环境污染的工业国。说明她喜欢墨西哥,不喜欢美国。

老师:你们曾经也跟爸爸妈妈去旅游过吗?去过什么地方?和自己长年生活的地方有什么不一样?

(让小朋友们自由地回答。)

老师:接下来,我们也要像弗里达一样,每人把让你记忆深刻的事情画出来。

(现在老师准备用儿童画的形式让小朋友画自己生活中值得记忆的一件事。)

(二)材料准备

1. 八开素描纸
2. 铅笔、橡皮
3. 彩色铅笔、彩色水笔

(三)创作步骤

(上课前,老师要在每张桌子上放好一盒共享的彩色铅笔和彩色水笔,在每个小朋友面前放好一张素描纸。)

1. 老师:现在我们要像女画家弗里达一样,画一张关于自己人生中的一段重要记忆或者一次快乐时光或经历,例如一次生日晚会,一次去外地旅游的经历;或者画你最伤心的一天,比如宠物不见了;或者有一年,你好不容易等到万圣节来临,准备和几个好朋友去讨糖吃,结果这一天,你突然发烧了,妈妈不让你出门,只能躺在床上休息,听见窗外小朋友的嬉闹声,你心里难过极了。总之,要画出你的感觉和你想象的东西。
2. 老师:现在每个小朋友要画出自己的表情。比如微笑快乐的样子,或者噘嘴生气的样子,眉毛朝下愤怒的样子,张大嘴巴大叫的样子。
3. 老师:画出一个地方,你这段记忆是在哪发生的?在公园?在乡下?在一栋房子旁边?
4. 老师:尽量画细节,我们要像弗里达一样,画什么地方都尽量刻画细致。
5. 老师:另外,通过一些想象和虚构,画出你想象的东西。

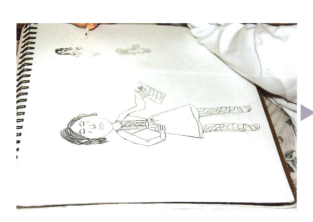
■ 步骤1

■ 步骤2

四、学生作品欣赏

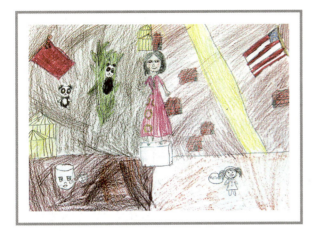

■ 学生作品1

■ 学生作品2

■ 学生作品3

■ 学生作品4

五、总结

　　本课适合各个年龄段的儿童，如果以集体活动的形式开展，特别适合儿童由于某些原因尚不能很好地用语言表达自己时（如刚进入新环境，相互之间不太熟悉），也适合教师在帮助儿童认识、表达自己情绪的综合性活动中开展，可参照本课开展自画像或介绍自己的兴趣等活动。也适合作为与一些内向拘谨、不善言语表达或有情绪问题儿童的个别沟通与指导的教育活动。

　　尽管创作过程中的情感满足比结果本身更重要，但形象表现的训练是提高孩子描述画面的关键，如果头脑中没有这个形象感，孩子们很难把所要记忆的东西画出来。本课首先让孩子勾画出自己记忆中的一件事，把记忆转化成有表现力的形象融入到自己创作的主题内容中，架起词语与非词语表达之间严密逻辑和情感的桥梁。在绘画过程中，让儿童尝试把形象表现与色彩表现结合起来，学习如何表现出对象的形象特征。教师开展类似活动时也可以引导儿童思考哪些形象需要强调，哪些细节可以减弱或忽略，哪些色彩能更好地帮助"说话"，但一定要确保儿童真实地表现和表达了自己的情感。

■ 杰克逊·波洛克《1949年，第三号》(No.3, 1949)
当你看到这幅画时，心想，这不会又是一幅价值连城的名画吧？怎么脏兮兮、乱糟糟的？是画家偶然作画的结果吗？

第7课

泼彩画
——我也是行动画派

一、课程来源

杰克逊·波洛克（Jackson Pollock），出生于1912年，是美国抽象表现主义绘画大师。第二次世界大战时，大批的欧洲艺术家纷纷来到美国寻求生存与发展，他们的到来使美国本土艺术家对欧洲古典艺术有了更深刻的认识，同时也强烈地感到美国应该有自己独创的艺术风貌。波洛克的艺术成长期又恰恰遇到美国的经济危机，工厂倒闭、破产、瘫痪，人们处于饥饿与恐慌中。当时的艺术家们无力改变现实，只有沉醉在自己的艺术创作中，杰克逊·波洛克就是这一时期的代表画家，是他，让美国的现代绘画从欧洲传统中摆脱出来，使美国画坛在国际画坛上有了自己的独特风貌与地位。

波洛克和这本书中第二课提到的安迪·沃霍尔一样，也是出身于一个移民家庭。他从小在美国西部长大，后来随父母迁往加州，在洛杉矶念中学。那时的他，满头褐发、意志坚强，喜欢阅读印度哲学及文学书籍。在学校培养的绘画兴趣，使他具有强烈的学画欲望。1929年，他就学于纽约艺术联盟，师从本顿，开始学画及临摹大师作品。后来他对墨西哥画家希盖洛斯、奥罗斯柯的绘画产生了浓厚的兴趣，又受到佩姬·古根汉超现实主义作品影响，便从写实转向抽象造型，笔调浓重、充满野性。

30年代后期到40年代初，是波洛克艺术生涯的关键时期。1942年他认识了佩姬·古根汉，佩姬极为欣赏他的作品，与他签约，艺评家也对他大加赞赏。

1945年波洛克搬到了纽约长岛居住，他家附近有个谷仓，他把谷仓改建成自己的工作室。在这里，他彻底地抛弃了对具体形象的描绘，而是把画布固定在地板或墙上，然后随意在画布上泼洒颜料，任其在画布上滴流，创作出纵横交错的抽象线条效果。1947年他开始使用"滴画"，他用钻有小孔的盒子、棒子把颜料滴溅在画布上，作画时和画布的接触不固定在一个位置，而是在画布四周走动，使构图没有中心，他完全摆脱了传统画家画画是靠手腕、肘和肩的运动，而是通过让整个身子自由运动，同时将颜料用"滴画法"应用于画布和画纸上，这种无意识的、即兴绘画方法就是著名的"行动绘画"。（见图：《1949年，第三号》《海神的召唤》）。波洛克创立的行动绘画意义有三：一是改变了传统的在画架上画画的观念，绘画不再通过具体的形象来表现画家的情感。二是改变了绘画的空间，在行动绘画中画面不再有前景、中景和背景，传统的构图关系消失了。三是画面没有主题、没有中心、没有主次，只有曲线和色块。总之，波洛克的画从根本意义上讲就是摆脱束缚，追求自由和开放的极限。

波洛克的"滴画"和行动主义成了美国人性格无拘无束的典型表现，在当时的年代，波洛

■ 杰克逊·波洛克《1948年，第五号》(No.5,1948)

时间与空间的线条与色彩像在飞一样，飞舞在画布上，产生了一种异样的美。

波洛克反传统的精神和激情给了他无尽的灵感。但是他天生就有的反复无常的脾气和难以克制的酗酒最终害了他。在1956年的一天，他因酒后驾车超速发生车祸，走完了短暂的一生。

2001年，波洛克的生平故事像女画家欧姬芙和弗里达一样，也被拍成了电影，扮演波洛克的男演员还因此得到了两座奥斯卡金像奖。2006年11月3日，波洛克的"滴画"《1948年，第五号》拍卖出全球绘画作品最高价，达1亿4千万美元。这幅画在1949年春季展出时，价格才1千2百美元，如今此画涨了11 000倍，平均每年涨幅200多倍。对于这位对当代美术产生巨大影响，改变了美国美术史的画家来说，这样的天价是当之无愧的。但是和荷兰画家梵高一样，波洛克生前大部分日子，也是穷困潦倒，还要靠兄弟和后来成为他妻子的女友接济度日。尽管如此，他仍然凭借自己对艺术的独到见解和执着追求，实现了自己在艺术上的自我价值。半个多世纪过去了，他的作品依然向世人闪烁着耀眼的光芒。

克这样大胆的创新也引起了一些人的争议，有一些人佩服，有一些人不理解，因为艺术创作无论内容结构怎样千变万化，总是要遵守基本的美学原则，符合美术史发展规律。比如每当文学、戏剧或艺术有新的流派产生时，对传统美学的颠覆是何等猛烈，但现代艺术家们马上寻找到了一套新的美学法则，把一种新的艺术形式作为规范。一个见过波洛克创作场景的朋友说道："波洛克经常坐在巨大的画布前沉思好几个钟头，他脸上的线条很硬，而且眉头紧锁。"显然，波洛克的每一幅画都不是轻易画出来的，他自己也坚决否定他的画是偶然产生的，而是对一个作品有了特定的想法后才开始创作。他说："我能够控制油漆的流向，一切都不是偶然的。"波洛克在画布四周跳跃，运用几乎就像跳舞一样的全身运动，来挥舞刷子泼溅颜料，超越

■ 杰克逊·波洛克《海神的召唤》(Poseidon's Call)

二、课程设计说明

在美术史上,有很多流派和画家是从儿童思维这里得到启发而成为大家的,如富有童趣的米罗的画、美国的达达艺术、马蒂斯的剪纸和康定斯基的抽象画等。同样道理,让小孩欣赏和学习波洛克的抽象画,他们对这飞舞四溅的油彩和线条所反应的热烈程度,他们就这些作品所表现的意向和情感精神所展开的丰富想象,很多时候是大人们所不及的。因为,抽象画虽然没有真实的物体,也没有具体东西,有的只是各种线条、点彩和肌理的组合,但这些"有意味的形式"所构成的视觉感受,这些形式层面的东西恰恰比较容易被孩子们所理解、欣赏和接受。

本节课的目标在于帮助孩子丰富艺术视野,发现不同质地的物体表面呈现出不同肌理以及规则和变化,丰富视觉和触觉的感受。并且体验用颜料滴洒的随意性创作,尝试艺术创作的个性化及多种形式。

三、教学过程

建议:让孩子了解以下词汇(但不要求完全记住)

肌理:肌理又称质感,指物体表面的组织纹理结构,即各种纵横交错、高低不平、粗糙平滑的有规则的纹理变化。

暖色:太阳的颜色和接近太阳的颜色都叫暖色,如红色、橙色、黄色等,给人以温暖柔和的感觉。

冷色:冷色一般认为是在色相环中与蓝色、青色相接近的颜色,给人寒冷和凉爽的感觉。

(一)名画欣赏

(老师应先介绍杰克逊·波洛克的生平和主要作品。)

老师:美国画家杰克逊·波洛克是一位很特别的画家,他画画不是在画架上画,而且不用画笔,而是在一间旧谷仓里,把很大的画布平放在地上,然后绕着画布,把油漆颜料滴落、抛掷甚至倒在上面。有时候,他用干硬的笔刷、棍子和铲子推弄油漆。他用油漆画画,这样的画法,我们称为"滴画"。

(老师应该用一根漂亮的羽毛指着《海神的召唤》讲述。)

老师:现在我们来一起欣赏波洛克1946年创作的《Eyes in the heat》,整个画面上画满了点、线、面、色彩和肌理。什么叫肌理?

(老师请小朋友们各拿出一张纸。)

老师:我们现在用手摸一摸这张纸,什么感觉?是不是光溜溜的很平滑的感觉?

(老师要求小朋友把手中的纸揉成团,再展开。)

老师:再用手摸一摸这张纸,上面已形成了很多皱褶,毛毛糙糙,凹凸不平,这些皱褶就是我

■ 杰克逊·波洛克《火热的眼睛》(Eyes in the heat)

们今天要学习的新知识——肌理。肌理指的是物体表面形成的纹理。

老师：我们来找一找，我们身边有哪些东西的表面有着美丽的肌理？哪些肌理主要是用眼睛看来感觉的？哪些肌理主要是通过手摸来感觉的？

（让小朋友先思考。）

老师：大家看某某小朋友今天穿了一条牛仔裤，这条牛仔裤上有自然形成的蓝白相间的花纹，这就是肌理。我们用手指头蘸着颜料在纸上盖一个手指纹，仔细看，形成的手指纹上有一条条皮肤的纹路，这就是肌理。再看老师刚才上课前在教室外面捡的几片树叶，叶子上的绿色形成的色彩从深到浅，这就是肌理。这条牛仔裤、手指纹和树叶主要是通过眼睛看来感觉到它们的美丽肌理。你们看这一块石头，大家轮流用手摸一摸，是不是感觉粗粗的、沙沙的、扎扎的？这块石头上的肌理主要通过手摸来感觉的。

（老师将事先捡好的几块小石头放在小朋友手上，让大家轮流摸一摸。）

老师：我们再回到刚才的《火热的眼睛》，乍一看，这张画似乎是波洛克乱画一气，其实是他精心设计的线条与色彩，他用这些运动式的线条来表现自己的感情。波洛克表示在他作品中看似杂乱的线条里，你可以看到愤怒的爆炸与混乱；从跳动的颜色笔触中你可能会想起一段欢乐的舞蹈。

老师：现在我来提几个问题，你们认为波洛克是怎样画出这张画的？这张画是挂在墙上画的还是放在地上画的？你是怎么看出来的？

（让小朋友们各抒己见。）

老师：这张画是放在地上画的，如果是挂在墙上画的，颜料只会朝一个方向流动，而现在这张画可以上下左右颠倒地看。因为画上的线条、色彩和肌理都很均匀地布满整个画面。

老师：你认为波洛克创作这张画时心情如何？是快乐、害怕、伤心、生气还是心情烦躁？

（让小朋友们开动小脑筋想一想。）

老师：每个人的理解可以不一样，所以回答都正确。我再问一个问题，这张画的画法叫"滴画"，请想象一下，如果有魔法，让你不小心跑进这张画里面，你会有什么行动？会做出什么行动？

（让小朋友尽情想象回答问题。）

老师：再观察一下，在这张画里，你见了什么东西？有没有小动物？或者是否看到一张可爱的小脸蛋？还是发现了一片大森林？有没有灌木丛？看见了拼音字母和图案没有？

（让小朋友思索着回答。）

老师：小朋友们都很会观察，很会联想，波洛克给这张画起名叫《火热的眼睛》，我们还可以给这张画起什么名字呀？为什么起这个名字？

（让小朋友开动小脑筋起名字。）

（现在老师让小朋友用波洛克的"滴画"方法，创作儿童抽象画。）

（二）材料准备

1. 一叠报纸
2. 四开的素描纸
3. 装有颜料的瓶子（或小桶）
4. 一根棍子（或刷子）
5. 喷水瓶（水枪）、小球、吸管
6. 清水

（三）创作步骤

（创作前，老师先在地板上铺好报纸，上面再放上素描纸，每人一张素描纸。）

1. 老师：我们现在学习波洛克，每人做一张"滴画"，用"滴画"把自己的感情表现出来，你可以表现快乐，也可以表现悲伤。一般用暖色表现快乐，冷色表现悲伤。什么是暖色？暖色就是太阳的颜色和接近太阳的颜色，比如红色、橙色、黄色等，给人以温暖柔和的感觉。什么是冷色？冷色一般认为是在色相环中与青色、蓝色相接近的颜色，给人寒冷或凉爽的感觉。如果你想表现生气，可以用黄色、橙色和黑色相搭配来表现"生气"。

2. 老师：现在往装有颜料的瓶子里倒一些清水，用棍子把瓶子里的颜料搅一搅，然后将蘸有颜料的棍子拿出来，让颜料顺着棍子一滴一滴地滑向素描纸。

3. 老师：滴完一种颜料，可以将棍子洗干净，再换第二种颜料继续滴，还可以换第三种、第四种颜料滴。要充满感情地创作滴画。

4. 老师：滴完一些后，你可以用嘴含着吸管把滴在素描纸上的颜料吹开，形成放射状花纹。或者用小球在刚滴完还未干的画上滚一滚，形成

■ 步骤1：用小棍滴画

■ 步骤2：用吸管吹画

■ 步骤3：用小球滚画

新的效果。再或者将颜料灌进喷水瓶里，把喷嘴对着画喷一喷，形成雾状的效果。好，开动小脑筋，你们还有什么新的方法让画面更酷？

5.老师：创作结束了，每个小朋友给自己的画起个名字，告诉老师，老师帮你们把画的名字写在画的反面。

四、学生作品欣赏

■ 学生作品1

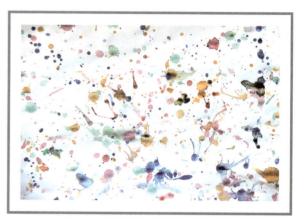

■ 学生作品2

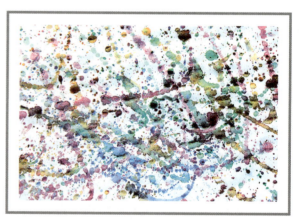

■ 学生作品3

■ 学生作品4

■ 学生作品5

五、总结

这堂课关注孩子的亲身体验,并且让孩子充分地自由发挥,充分给予孩子亲自尝试与体验的机会,力求打破传统美术中依葫芦画瓢的做法,追求孩子认知经验与艺术表现的结合。培养探索颜色、肌理和图案的感觉属性。

不同个性的孩子会在绘画中使用不同的绘画语言。一般来说,活泼外向的孩子喜欢豪放粗犷的笔触线条,他们作画大胆,速度快、放得开、条条框框少,但画面粗糙,缺少细节;而文静内向的孩子,他们作画细腻、严谨,画面丰富、紧凑,可以长时间作画。总之,无论什么个性的孩子都要让他放开手脚大胆画,但老师应观察每个孩子在平时学习生活中的性格脾气,从中找出最适合他的学习方法和作画途径。老师不能只注重绘画的技巧,却漠视或不重视孩子活生生的气质个性和原始创作热情。

■ 威廉·德·库宁《女人与自行车》(Woman and Bicycle)
当你第一眼看到这幅画,你一定认为这幅画画的是妖魔鬼怪,面目狰狞可怕吧?

第 8 课

新人物画
——我也是艺术大师

一、课程来源

威廉·德·库宁（Willem De Kooning），出生于1904年，和第七课的波洛克一样，也是美国抽象表现主义艺术的代表人物。库宁生于荷兰，12岁时就开始从事商业艺术。1916年至1924年，他就读于鹿特丹美术学校。那时，学校训练很严格，日夜不停地画。学校把中世纪手工艺工会的传统和学院的传统结合起来，所以库宁在绘画技巧上很受文艺复兴艺术的影响。

1927年，他来到美国纽约发展，靠商业艺术、画广告和做木工维生。也开始结识了一些良师益友，其中戈尔基对他的影响最大。戈尔基和库宁先后为美国WPA联邦艺术计划工作，库宁因而对自己以画家为职业这件事有了信心。

二战时，西方艺术的中心已经从欧洲转移到了美国纽约。移民艺术家和美国本土传统结合，产生了新的观念和风格。这时抽象艺术成了主流。德·库宁和波洛克等人合作，成了抽象表现主义的核心成员。他的笔触迅疾、粗重、猛烈，再加上黑磁漆等各种新材料的使用，绘制出的形象分解程度越来越高，充分地表现了一种烦躁不安的情绪。经过风格上的不断实验与探索，德·库宁在50年代成为新行动画派的大师之一，他和波洛克以及挚友戈尔基一起开创了区别于欧洲审美趣味的新艺术。接着他趁热打铁，又创作出最有代表性的作品——一组女性形象的连作。如《女人Ⅲ》《女人与自行车》（1952—1953年），他综合了康定斯基、波洛克、毕加索等人的手法，创造了人物形象与背景混合的空间。他不断地发觉非透视空间的问题，变化了视觉模糊和同时所见影像的问题。并且那些齿状的笔刷动势是很具有风格意义的。这些妇女形象成了德·库宁个人风格的标志。她们可不像历代世界名画中的女性那样，以柔美可人的形象示人，而是以喧嚣凶恶、面目狰狞的怪诞来表现。画面中胸部肥硕的女妖魔有着尖利的手指，扭曲的身躯上鞭痕赫然，如马嘴般咧开的大口非常吓人。这让我们想起了台湾诗人余光中的一首诗，叫《读脸的人》，其中的一段是这样写的：

"那些面孔，没有什么比那些更可惊。"
他说。
"一张脸是一个露体的灵魂，
敏感如花，阴鸷如盾，
狰狞如伤口。
或美，或丑，读一张，就一次战抖。
终于每一个梦都用脸，那些脸，组成
那些脸，脸的图案，不，脸的漩涡
在我四周疯狂地旋转。"

■ 德·库宁的女人系列之一

德·库宁不是一个完全纯粹的抽象画家，他擅于从颜料堆成的肌理中创造出形象，这形象会顷刻之间从纷乱的色块和线条中呈现，而后又在不经意间恢复纷乱。德·库宁的创作集中于抽象、女人与男人这三个系列，而其中，尤以女人系列最出名，这甚至贯穿了他整个绘画生涯。他通过跳舞表演，以在旁人看来近乎夸张的激情姿态从事绘画创作，在这一点上他与波洛克的蹦蹦跳跳是相同的。

和其他的抽象表现主义的大师相比，德·库宁是风格最多变的一位。在荷兰语中"德·库宁"这个词是"国王"的意思，的确，他在20世纪50年代的美国画坛上享有堪与"国王"比肩的权威地位。

库宁也说："我在画的时候，自己也不知道会有什么结果，但是我认为这就是最有趣的地方，让事情永远无法确定，也就是无法预料，人生和世事不也是如此吗？"他甚至进一步解释，作画时不采取任何态度，在无限自由中才能把"不可能性"置于画中。德·库宁笔下的女人都是凭借着想象和本能冲动即兴完成的。但在创作之前他翻阅了大量资料并参观妇女艺术博物馆来研究要表现的对象。在创作一系列女人画作中，他将色彩风暴般地挥洒在画面上，画中的形象被红、粉红、绿、蓝、白等各种颜色所覆盖。跳跃的色彩，相互碰撞的笔触纵横交错，变化多端地组成了人体和混杂空间。但是如果我们以为德·库宁画画很草率和粗心马虎，那就完全错了。其实他总是盯着自己快要画完的画作好几个小时，然后全部刮掉，或者将纸张覆盖在未干的大画上，粘去多余的油画颜料，再继续创作，然后再刮掉，再画，经历多次返工一幅画才最后完成。

■ 威廉·德·库宁《女人III》（Woman III）

二、课程设计说明

德·库宁把绘画看作体验、表达、实现自由的过程。在他的画面上没有任何的约束,构图、空间、透视、平衡等传统绘画技法和审美观念一扫而空。这一切与儿童绘画有异曲同工之处。我们知道,学龄前儿童正处于绘画发展的象征期。正如象征性游戏那样,儿童不会因为某种实物的缺乏而停止游戏,他们会寻找替代物来表征他们想要表现的事物。儿童画画就是游戏的过程,儿童是用线条、图形和色彩的组合来表征他们想要表现的事物和情感。

本节课的目标在于帮助孩子用绘画的语言自由地表达自己心目中的人物形象,不是完全照着画,而是凭印象去画。

三、教学过程

建议:让孩子们了解以下词汇(但不要求完全记住)

形状:指方形、圆形、长方形、三角形、椭圆形等。

自然形:在自然界中形成的形状。

人造形:由人构成的形状。

几何形:遵循一定的规则的形状。

自由形:不遵循任何规则的形状。

(一) 名画欣赏

(老师先介绍一下德·库宁的生平经历和主要作品。)

老师:这幅画是德·库宁的《女人与自行车》,画上的笔触有刷的、涂的、抹的,还有滴的、刮的。当德·库宁在画这张画时,他的精力没有放在线条和色彩上,而是让油漆和颜色混合在一起模糊地涂抹在画布上,释放着自己的情绪。我们乍一看,还以为德·库宁在乱画一气,其实他总是盯着自己快画好的画好几个小时,觉得画得不好,又用油画刀刮掉重新画,每一幅画都经过反复修改才最后完成。

老师:德·库宁总共画了6幅这样的女人像,她们都是奇怪的笑容、扭曲的身体,在画之前德·库宁看了很多古代雕像并参观妇女艺术博物馆,还翻阅了旧画作和杂志上的女模特照片,他把这一切混合在一起,得到了一个女人形象。但他不画漂亮的妇女,只画搞笑和充满野性的妇女。一些人批评说他画的这些女人很丑、很难看,但他并不听这些人的话。只画自己喜欢的东西,最后他成功了。

老师:现在我提几个问题。你们看这幅画上的女人脸,她的脸是什么表情?

(等小朋友仔细观察后,再请他们各抒己见。)

老师：再看她的眼睛有什么奇怪的地方？她的嘴巴想说什么？

（让小朋友自由想象。）

老师：你们看她的身体是怎样描绘出来的？生活中真实的女人和画面上的女人有什么不一样？

老师：你们在这幅画里看到了什么颜色？这些颜色给你们什么感觉？

老师：我们再仔细看这幅画，围绕着画面中的女人，旁边的背景是什么？你能在画面中找出从什么地方开始变成背景的轮廓线的吗？

（老师应从举手的小朋友中选出一名，再请上前来在画面上指出轮廓线。）

老师：德·库宁是用什么方法画画的？

老师：其实他是用毛笔蘸着油漆和颜料在画面上刷的、涂的、抹的，再用刮刀刮，你能找出什么地方是用油漆和颜料混的，什么地方是涂抹的，什么地方是刷的，还有什么地方是用刮刀刮的吗？

老师：德·库宁用这些方法在画面上创造了不少形状，有自然形、人造形、几何形、自由形。他用点、线、不同形状来抒发他的感情。你觉得他在画这幅画时，心情是怎样的？

（让小朋友思考后回答，然后老师再解释。）

老师：也许他一边生气一边画画，也许是很高兴地画画，不管他当时是怎样的心情，他一定是充满激情的。

老师：在这幅画里，你能找到你感觉漂亮的地方吗？

老师：有的小朋友会说黄裙子很漂亮，那画面中什么地方是很丑的呢？

（让小朋友回答。）

老师：这幅画叫《女人与自行车》，在画面上，你能找到自行车吗？

老师：你们还能为这张画再起一个名字吗？为什么起这个名字？

（提问结束，现在老师准备让孩子们模仿德·库宁的作画方式，表现一个人的脸。）

（二）材料准备

1. 铅笔、毛笔、丙烯颜料和油画棒
2. 麻布面板（28×35.5 cm），或者八开的素描纸
3. 洗笔小桶
4. 调色板

（三）创作步骤

1. 老师：刚才我们看了德·库宁的画，他的颜料堆得厚厚的，用油漆和色彩创建了一个古怪的女人，看看她又大又黑的眼睛，还有古怪的笑容。现在我们也要用麻布面板和丙烯颜料或者直接用油画棒和素描纸张来表现一个人的脸，这张脸必须要有表情。

2. 老师：我先介绍麻布画板和丙烯颜料的方法，请将自己喜欢的丙烯颜料挤在调色板上。

3. 老师：用毛笔蘸上丙烯颜料在麻布画板上画出脸的轮廓，比如你可以画一个椭圆形，再画上眼睛、鼻子和嘴巴，请用五官来表现面部表情。

4. 老师：你认为应该怎样画头发？比如涂上蓝颜色，再大胆地将毛笔转着画，让自己带着紧

■ 丙烯颜料创作步骤1

■ 丙烯颜料创作步骤2

■ 丙烯颜料创作步骤3

张的情绪画出卷发。最后你可以画背景，也可以一开始就先画背景。

5. 老师：我再介绍用油画棒在素描纸上画画的方法。先用油画棒在纸上画好轮廓线，再将油画棒与纸张倾斜，涂上色快。

6. 老师：请大胆地画，不要怕画错。可以改变一下细节或者让表情更夸张。可以站起来画，不仅仅是手在运动，全身也可以运动起来，大胆地实验吧。

■ 油画棒创作1

■ 油画棒创作2

■ 油画棒创作3

■ 油画棒创作4

■ 麻布面板创作1

■ 麻布面板创作2

四、学生作品欣赏

■ 学生作品1

■ 学生作品2

五、总结

　　本课首先欣赏了德·库宁以丑为美的画，然后又动手画了人像，尽管儿童最终的作品尚未呈现出德·库宁式的抽象感，但创作的过程中他们也体验到用丙烯颜料在麻布面板上画画和同油画棒在素描纸上画画会产生完全不同的效果。不管用哪种方法，作画过程都是令人兴奋的。本课适合儿童对基本几何形状有所认知后开展，便于儿童理解具象形体的抽象化表达。此外，如果想让儿童体验德·库宁创作时涂、抹、刷、刮等动作，教师需要精心准备能激发这些动作的材料，并确保活动空间足够宽广，儿童之间互不影响，以支持儿童的充分体验与自由尝试。

- 大卫·霍克尼《盖勒白山的丘》（Garrowby Hill）
  当你看到这幅画，你能感觉到有一个人骑着自行车从你面前蜿蜒而下，一路滑过去，然后消失在远方。你的肩膀是否也开始抖动了呢？

第 9 课

新风景画
——这可不是儿童画

一、课程来源

  大卫·霍克尼（David Hockney），出生于1937年的英国画家，也是位多才多艺、风格多样的艺术家，他涉及肖像画、风景画、油画、版画、拼贴画、平面设计和摄影，同时他还创作了大量的男性裸体画作，但是在他创作的不同门类中，最为著名的还是风景画。

  如今的风景画，在西方大多还是延续印象派或者表现主义风格的特点；在中国，风景画却演变为一种不假思索的"新文人画"，甚至有一部分还画成了深圳大芬村的行画。所以我们平时看到的风景画是"陈旧的时尚"，它固定在一个稳定的手艺体系里，却在艺术手法、观念和思想上与当代环境严重脱节。就在这时，被誉为当代色彩大师的大卫·霍克尼却以饱满恢宏的风景画让我们耳目一新。他的风景画，不论艺术评论家、画廊老板还是普通大众都能看得懂，人人都喜欢，真正做到了老少皆宜，雅俗共赏，丝毫没有当代艺术的晦涩和难懂。

  时光回到20世纪50年代，16岁的大卫·霍克尼进入了英国布雷德福艺术学院学习了2年，又进入伦敦皇家艺术学院学习。在这里，每年只允许几名学生的作品被拍卖，霍克尼是其中之一，从此他的天赋被老师发现，他的作品还放在学校展厅里供人参观。

  1964年他第一次来到美国西海岸，就爱上了这里的阳光、色彩和洛基山脉。以后他就经常往返于伦敦、纽约和洛杉矶之间，直到1978年他在好莱坞的比弗利山上买了一处房产，从此定居洛杉矶。就像莫奈的吉维尼小镇，高更的塔西提岛，加州的洛基山脉也为霍克尼提供了无穷无尽的灵感，数百幅标志性的风景画就在他家的后花园里诞生了。

  霍克尼早年追随英国"波普之父"汉密尔顿，又将美国波普艺术的特点创造性地融入自己的绘画里，美国波普艺术的特点是以人们衣食住行的日用品为绘画对象，采用实物拼贴、环境设计的方法，物象是精致的，具有广告画的特点，画面显示为冷漠超然的风格，这一切使霍克尼的画写实中带点变形，既有精细的照相写实，又有夸张的拼和。

  为了画好风景画，霍克尼仔细研究了从古至今一直沿用的焦点透视（一个视点）原理，他认为在古代很多名画家比如安格尔、卡拉瓦乔和凡·爱克等无不利用透视仪器（透镜、针孔、凹面镜）来创作。很难想象当初发明焦点透视时，是怎样让绘画具有了焕然一新的感觉的。可是多少朝代过去了，如今焦点透视还充斥在绘画、平面设计艺术、摄影等当代美术中。虽然在20世纪，立体画派曾将多个视点融为一张画上，但是最后美术界还是以一个视点获胜。霍克尼花了很多

■ 大卫·霍克尼《色彩鲜艳的风景画》

时间研究焦点透视就是为了摆脱它一统天下的局面。他说："这种一个视点的观察方法有问题，它是静止不动的，从独立于身体外的眼睛看出去的东西都固定在某个地方，这是独眼龙的视角。"所以在霍克尼的风景画里，我们看到了小路常常偏离中心，斜向一侧，常常起伏不定，或者还没有到达地平线就消失在一排树林中，完全颠覆了焦点透视的垄断。霍克尼找到了一种崭新的观看和呈现世界的方式。

为了画好风景画，他还仔细研究中国画。因为古代中国山水画里完全没有焦点透视，也没有阴影的概念，而欧洲的绘画里必须要有强烈的明暗对比。中国画是不需要透镜、针孔和照相暗箱等作画工具的，而是彰显作画痕迹的手居于统治地位。霍克尼深刻体会到，中国画的精神不仅仅在于画面上的自然神韵，它的精髓更在于艺无止境的学习钻研，所以他说："要能表现出自然的神韵，你必须不断学习与琢磨。"难怪霍克尼的笔端永远流畅，多产而丰富多彩。他又说："老师只能传授技艺，而非诗意。后者无法传授，只能在了解前者之后，慢慢地感受。"从霍克尼的例子我们也可以看出如今当代艺术就是东方学习西方，西方学习东方。

为了画好风景画，他除了像六百年前的古典大师那样借用曲面镜、透视镜等投影技术，他也借用当今最新科技帮助创作，早先借用传真机、影印机、照相机、电子刨笔刀等，如今他也变成了"果粉"，躺在床上用iPhone和iPad画画了。他利用iPhone和iPad设备的高效特性，对其创作过程加以创新和改良，还运用大片鲜艳而不常见的色彩，比如粉红、橙色、紫色、暗蓝色、金色。

2012年英国女王将限量24枚的"功绩勋章"授予霍克尼，认可其"国宝"地位。事实上，他不久前刚刚拒绝了为女王画像的委托，他在接受BBC采访时表示女王是个"了不起的人"，但是"我画人一般只喜欢画自己的朋友，我对拍马屁不在行"。

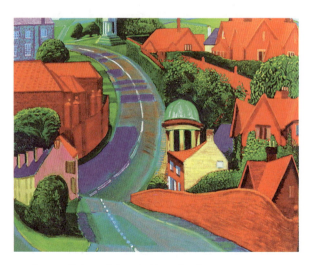

■ 大卫·霍克尼《童话般的风景画》

二、课程设计说明

霍克尼初涉艺坛时，就对儿童画具有浓厚的兴趣，所以在他的风景画里综合了写实手法、装饰手法以及儿童画般的稚拙手法。而且他反对一个视点一个焦点这样的观察方法。所以儿童很容易从他色彩鲜艳、简洁构图、多重视角的画面里找到共同语言。

儿童画画和成人画画有很大的不同，儿童为了再现眼前这个对象，会全方位地对对象进行观察和感知，然后将自己所感知的印象主观地画下来。所以儿童画中会有多个视角的观察，同时显示在一个画面上，并不像成人只是一个视角、一个焦点地对外形特征进行写实描绘。我们要尊重儿童在这个年龄所特有的表现方法。因此选择霍克尼的作品与画法让儿童一来感受与欣赏，二来表现与创作。

本节课的目标在于向孩子介绍风景画的概念，让他们初步认识风景画，并开始了解一些艺术家是怎样在自己的风景画中创造距离感的。

三、教学过程

建议：让孩子了解以下词汇（并不需要完全记住）

风景画：指以风景为题材的绘画，比如以自然景观、村庄和都市为题材的绘画。

透视：作画时，表现物体距离远近的方法叫"透视"。要掌握透视画法，你只需记得近大远小、近实远虚。

焦点透视：比如我们观察马路两边的树，越远越小，两排树的上面与下面连成四条直线后汇聚一点，这个点就是焦点，这种情形就是焦点透视。

消失点：随着距离愈来愈远，路面也愈来愈窄，路的终点变成了一个细小的点。这个点被称为"消失点"，因为它在天空和陆地的交界线消失了。

近景：画面中最靠近我们的部分。

中景：介于近景和背景之间的部分，一般也是画面的主题。

背景：围绕在中景后面的区域。

（一）名画欣赏

（老师应先介绍一下大卫·霍克尼的生平经历和主要作品，然后指着图讲述。）

老师：请看这幅风景画，像不像梦幻王国一般，山峦起伏，山峦上有树有灌木，从近到远有一条紫色的小路蜿蜒而下，看着这条小路使我们想起了绿野仙踪里的"奥兹的魔法师"，故事里的桃乐丝被龙卷风刮到一个陌生的地方，找不到回家的路，好心的北方魔女用魔棒给她指出一条金色的小路。画面上的紫色小路就和桃乐丝走过的金色小路一模一样，只是颜色不同。请问你们在这幅画里还能看到什么？

（让小朋友在画里指出细节。）

老师：观察得很仔细。再提一个有趣的问题，如果你现在就在这条紫色的小路上，你能做些什么有趣的事情？

（让小朋友随意想象。）

老师：回答得很好，有的说骑马，有的说遛狗、滑板等。这幅画给你们什么感觉？是平静、放松，还是热烈、激动？

（等小朋友回答。）

老师：你们知道什么是风景画吗？就是指以风景为题材的画，比

■ 大卫·霍克尼《梨花公路》

如有天空有陆地、有山有水、有城市还有乡村。所以现在我们看到这张 Garrowby Hill 就是风景画。我们再谈一下风景画里的距离。作画时，表现物体距离很远的方法叫"透视"。要掌握透视画法，你只需记得离你越近的东西越大，离你越远的东西越小。

（老师应该用羽毛指着画面讲解。）

老师：随着距离越来越远，路面也越来越窄，你们看画面上紫色的小路终点变成了一个细小的点。这个点被称为"消失点"，因为它在天空和陆地的交界线消失了。

老师：这幅画中，最靠近我们的一排树是不是很高？而剩下的树随着紫色的小路向前延伸越变越矮，以至于你感觉它们越来越远。其实它们并不是真的变矮了，这些树其实是一样高的。

老师：现在我们来欣赏大卫·霍克尼的第二幅作品，这幅风景画是摄影拼贴的作品，是1986年霍克尼创作的《梨花公路》。霍克尼对每天回家经过的公路两旁的小道、朽木、树干、灌木丛等非常熟悉，所以他创作出好些公路画作，这是其中一幅。现在哪位小朋友能指出在这幅画里看到了什么？（等小朋友回答。）

老师：回答得很好，在这幅画里我们看到了蓝天、一些树叶不多的树干、枯草、小石块还有交通停牌。你们仔细看这幅画，画面是由很多小色块拼接出来的，这是怎么做到的呢？

老师：霍克尼用一台相机在公路的一边移动着拍摄，他拍摄同一对象的不同局部，面对着同一个风景，霍克尼从不同的地方不同的角度拍摄，最后再拼接回原来的整体。所以我们看到这张作品上的小色块之间都有重叠或者错位的影子。这样反而使我们的感觉更加立体和生动。

（现在老师用拼贴画的形式让孩子创作新风景画。）

（二）材料准备

1. 剪成小块的各种颜色的玻璃纸（大约 4 × 4 cm）
2. 一只大号油画笔
3. 胶水
4. 八开的素描纸
5. 一次性小纸杯

■ 材料准备1

■ 材料准备2

■ 胶水

（三）创作步骤

（上课前，老师应在每组小朋友桌上放上一筐剪成小块的各色玻璃纸。每人一支大号油画笔、盛有胶水的一次性小纸杯、一张素描纸。）

■ 步骤1：刷上胶水前用铅笔线分好前景、中景和远景

■ 步骤2：从远景开始粘贴玻璃纸

■ 步骤3：从中景再到近景

1. 老师：现在大家跟我一起做，拿起油画笔在小纸杯里蘸上胶水，把素描纸顺着涂一遍。
（老师应一边讲，一边做示范。）

2. 然后在小筐里选择自己喜欢的颜色的小方块玻璃纸，贴在素描纸上，从上往下，从左往右贴，要用这些小方块玻璃纸表现近景、中景和远景。

3. 老师：什么是远景？远景是画面上离我们最远的部分，一般是天空、远山或者草原、大海。中景是画面中间的部分，一般是画面的主体。近景是画面上离我们最近的部分，我们贴小方块玻

■ 选择和自己衣服一样的橙色

■ 从红色的玻璃纸开始

璃纸时，一般从远景开始贴，贴完了再贴中景，中景贴完了最后贴近景。

4. 老师：你们远景可以贴天空大海，中景可以贴树林、房屋。近景可以贴灌木丛和小石头。玻璃纸和玻璃纸之间可以重叠地贴。贴到一半时，可以用油画笔蘸着胶水在小方块玻璃纸上涂一涂，让玻璃纸和素描纸融为一体，使画面更完美。

■ 我喜欢从黄色开始表现

■ 大家共享材料

■ 进行最后的修饰

■ 用同类色过度自然

■ 用黄色过度

四、学生作品欣赏

■ 学生作品1

■ 学生作品2

■ 学生作品3

■ 学生作品4

五、总结

  这节课虽然老师初步教授了孩子什么是透视,但孩子的创作还是以平面化的方式呈现,因为他们的空间感知力还未完全形成,他们很难呈现绘画的空间感。这种平面化与中国画不同,虽然中国画没有西方绘画的立体透视感,但是还是会利用皴擦点染等技法去表现空间的关系,儿童画则完全没有这种意识,是一种单纯的平面化作品表现。

  另外,因为儿童对色彩的认识都是很直观单纯的,在绘画中对色彩的运用是一种本能的表现,具有片面性和主观性,所以三原色一直是孩子最喜欢的颜色,他们很少注意中间色,因此建议老师在准备材料时,多准备一些如橙色、绿色和褐色等中间色的玻璃纸供孩子选择,从而使他们尝试多种色彩。

■ 弗朗西斯·埃利斯《无题系列1》
这个图片上有四幅画,两幅小的和两幅大的,这四幅画很相似,但又有区别,画家为什么要这样画呢?这有什么意义呢?

新临摹画
——玩游戏学画画

一、课程来源

弗朗西斯·埃利斯（Francis Alÿs），出生于1957年的比利时艺术家，是一位典型的国际化艺术家，长年生活于墨西哥，他尝试用视频装置、绘画、表演、摄影和使用诗意与预言的方式来解决政治和社会现实问题，比如国界、地方主义、全球化冲突以及社会福利和进步等主题。

弗朗西斯从小在比利时的布鲁塞尔长大，他的父亲是一位法官。20世纪80年代初，他在威尼斯学习建筑。他在20多岁时，想参加公民服务的项目，便向世界上很多民间团体递交了申请，结果墨西哥是第一个接受他的国家。1985年，在墨西哥大地震后几个月，他来到墨西哥城，帮助建立公共工程，从事的是改造工程。随后他又转向了艺术创作并全身心投入其中，当时他的创作技巧还不够成熟，但他经常到一个艺术家聚会的沙龙取长补短，切磋艺术，他逐渐理解了后现代艺术的精神。虽然在世界上大多数艺术家还保持着传统的艺术家的状态——架上绘画或者制作物品，然而像弗朗西斯这样作为概念表演艺术家的人越来越多，名气也越来越响。这些艺术家不是在做东西，而是在做事情，他们往往会留下一些图片、照片、录像等。例如，弗朗西斯推着一大块冰块在墨西哥城中环绕，直到冰块融化，他将自己推着冰块围绕着墨西哥城行走这件行为作品，自述为对极简抽象主义雕塑的报复。他还背着一支枪在这座城市行走，观察路人的反应，结果只走了11分钟，就被警察抓走了。

更有意思的是，他还派一只孔雀代表自己去参加2001年威尼斯双年展的活动。2002年，因纽约现代美术馆总部装修，展览馆从曼哈顿暂迁往皇后区时，弗朗西斯组织了一支装扮成修道士的队伍，他们手拿毕加索、杜尚及KK·斯密斯作品的复制品，乘上轿子穿越皇后区大桥。

从1994年开始，他画了很多小尺寸的画作，这些画有点类似于儿童故事书上的插画，然后他请其他的画家来临摹这些小画并放大，他创作了一系列这样的画，取名《无题系列》。他的这些灵感来源于一个孩子们常玩的古老的"传话"游戏，

■ 弗朗西斯正在推冰块

■ 弗朗西斯·埃利斯《无题系列2》

■ 弗朗西斯·埃利斯《无题系列3》

从队伍的第一个人通过耳语传达一句话至队尾，通常游戏结束时最初的那句话变得面目全非，完全走了样。游戏中有一个大家都要遵守的规则，两人在进行传话的时候，不能有第三方听见。这个游戏旨在说明谣言或者是传说在扩散中因传播的误听和添油加醋所产生的效果。根据"传话"游戏的原理，弗朗西斯请两位或两位以上画家照着他的每一幅小画临摹并放大数倍。这些画家被要求像"传话"游戏一样，尽量一字不漏、一丝不苟地完全照搬原画，结果画完后，这些放大的作品之间和原画之间还是有了改变和区别。弗朗西斯创作这些系列就像一种奇怪的仪式让人想起孩子们的游戏，实验一种有远见的梦幻般的场景。

弗朗西斯在墨西哥待了25年了，虽然他还保持着一名旅行者的身份，但几十年停留在此，他的作品形成了一种逍遥、易受感情驱使、充满诗意的精神追求。墨西哥城曾经拥有女画家弗里达，如今却拥有像弗朗西斯这样一批闻名世界的当代艺术家。他们对艺术的悟性以及他们优秀的作品一度在世界范围内引起广泛的影响。

■ 弗朗西斯·埃利斯《无题系列4》

二、课程设计说明

（一）"临摹"的重要性

"临摹"自古以来作为中国人学习绘画的一个重要手段和方式，从南齐谢赫的"传移模写"，到北宋郭熙的"传益多师"，以及元代的赵孟頫，明代的董其昌等对"临摹"的重视和提倡在中国画论中可以说是比比皆是，到了清代不少小孩隐在私塾和家中拿起毛笔开始临摹《芥子园画谱》，一套黑白线条的极为讲究程式化特征的《芥子园画谱》施惠画坛300多年，育出了几代名家，可谓功德无量。可是到了今天，人们对于中国传统绘画教育重视临摹众说纷呈，大多数人以挑剔的眼光看待它的问题与不足，对它的优点和长处却很少关注。如今在许多人反对儿童临摹简笔画和大力提倡自由表现、随意涂鸦的一片呼声中，强调临摹对儿童学习绘画的重要性，是何等重要。首先，临摹是绘画的基础，孩子通过临摹范画，学会使用纸和笔的方法，学会点、线、横、竖、圆的画法。只有让技能技巧和创造力同时提高，才能有的放矢地自由涂鸦。其次，儿童绘画时多是想到什么画什么，不会有意识地进行观察和安排画面，而临摹优秀的范画，可以让孩子学会怎样处理画面，帮助孩子有意识地观察和组织画面。第三，绘画无论多么鼓励自由想象、发挥创造，毕竟是一个结构性的问题，会让孩子有表现上的压力，但是压力能让孩子产生从量变到质变的进步过程。最后，模仿是孩子的天性，孩子从小学舞蹈、学钢琴、学写字和绘画临摹一样，都是模仿的过程。

也许有人会说，美术的技能技巧是要以认知和精细动作的生理发展为基础的，树大自然直，随着精细动作和认知的发展，美术技巧将逐渐习得并成熟起来。甚至还有人说，美术是一种表现性的活动，表现的是对事物的理解和感受，激发儿童画画冲动的是儿童对事物的印象，而不是基本技巧，这样的观点是基于对整个美术史的演变过程没能够全面和深入地了解。虽然技巧很高并不必然导致表现能力的提高，但没有一定的基本技巧肯定会影响表现力的发挥。

（二）怎样去"临摹"

再好的东西也是双刃剑，我们不能从一个极端走向另一极端。怎样去把握好"临摹"的度，比如要求让孩子尽量临摹得一模一样，这肯定弊大于利。主要是因为过于依赖范画，而且临摹次数大于原创次数，只重视临摹而忽视了原创，就像中国古代优秀的传统美术文化到了清初以"四王"为代表的对临摹过分的推崇。使临摹这一重要的学习手段变成了艺术目的，自然也使中国绘画的艺术本质走向了反面。因此我们要向比利时的艺术家弗朗西斯学习，从游戏中得到灵感而去临摹。比如我们要给孩子一些优秀的范图，让他们自由地挑选并且在游戏中绘画，留一些空间使孩子有选择性有创造性地临摹。完全地模仿是不能超越只能受到局限，要学会在模仿中超越。

本节课的目标在于让孩子在临摹范画中，顺其自然地和自由自主地支配画面，培养观察力、想象力、创造力和表现力。同时将受到引导，不仅要画眼中的世界，更要学画心中的世界，这样才能开发自身内在的潜力。

三、教学过程

建议：让孩子了解以下词汇（但并不要求完全记住）

临摹画：模仿别人的画，照着原样画下来。

（一）名画欣赏

（老师先介绍一下弗朗西斯·埃利斯的生平经历和主要作品。）

老师：我们现在欣赏一位居住在墨西哥的荷兰籍画家弗朗西斯的作品。（图：《三名男子领结三联》）

老师：大家从左到右看这三幅画，左边的是一幅最小的画，中间的最大，右边这幅中等大小，而且这三幅画画得很相似，谁能告诉我画的是什么呀？

（等小朋友观察后再回答。）

■ 弗朗西斯·埃利斯《三名男子领结三联》（Three Men in cravats triptych）

■ 照着小画片开始临摹

老师：每幅画画的都是两名男子，下面的男子把脸藏在上面男子的衣领后面，他是在躲猫猫？还是害羞？

老师：这大中小三幅画画得非常相似，但又有很大的区别，你们看这幅小画。背景画的是蓝天白云和深蓝色的湖水。中间这幅大画的背景什么也没画，只用淡黄色平涂了一遍，最右边这一幅是金黄色的晚霞照耀在起伏的山峦上，使画面中的两位人物形象变得高大起来。

老师：我们再来观察每幅画中的人物，中间这幅画中的人物的脸是正对着我们，而两边画中人物的脸是半侧地看着前方。画家为什么要这样画呢？有相似又有区别？这是同一个画家画的吗？

老师：原来这幅最小的画才是弗朗西斯画的，当他画完这幅小画后心想：我把这幅画请另外两个画家临摹一下，看他们将把我的作品临摹成什么样子，于是弗朗西斯请来两个画家好朋友临摹自己的作品，他们尽量想画得像小画一模一样，结果不知不觉画着画着走了样，人的脸改变了角度，背景的颜色全改了。弗朗西斯看了这一切，想起了一个"传话"游戏，根据这个游戏的原理，他干脆画了一系列不同的小画，然后请了很多画家来临摹，他要求他们画得一模一样，结果每幅画都临摹得走了样。

（二）玩"传话"游戏

老师：现在我们在准备画画前也来玩一个传话游戏，请小朋友们分成两组，老师告诉每一组第一个人一句话，第一个人记住后把这句话悄悄地告诉第二个小朋友，告诉的时候不能让第三个人听到，以此类推，最后一个人要大声地宣布出这句话，哪组又快又准，哪组就赢。

（游戏规则是：一要快，二要声音小，三要讲话清楚，游戏结束后，老师给予点评。）

老师：游戏结束了，这是不是一个有趣的游戏？我们学到了，一是做什么事都不能紧张，否则会因紧张犯错。二是不要做传话人，更不要轻易听别人的传言，要耳听为虚，眼见为实。

（三）材料准备

1. 彩色的小画片系列
2. 水彩颜料、水彩画笔、水彩纸
3. 洗笔瓶子
4. 调色盘（一次性白色纸盘子）

（四）创作步骤

（老师请每两位小朋友上来选一张彩色小画片，然后一起共同临摹这一张。）

老师：每两位小朋友临摹同一张画，如你能画得像那很好，画得不像也很好，如果小画片上是一个半圆形的夕阳，而你乐意画一个圆圆的太阳，那就画一个大太阳吧。要是图片上是一个绿苹果，而你却改成红苹果也很好。

老师：我们怎么临摹这张小画片呢？一要观察整体，比如画一只猫咪，先观察猫的全部身子是椭圆形的，然后再看它的头部是圆形的，其次再观察它的腿。二要从外往里画，要从上往下，或者从左往右画。比如画金鱼，先画椭圆形的身子，再画圆圆的鱼眼睛，再画两眼间一弧线——鱼嘴，末了画鱼尾——波浪线。

（老师要一边说，一边在黑板上示范。总之，要鼓励孩子，开导他们在临摹中也可以自由创造，临摹之前还可以讲讲"达·芬奇画鸡蛋"的故事。）

■ 步骤1

■ 步骤2　　　　　　　　　　　　　■ 步骤3

四、学生作品欣赏

■ 学生作品1

■ 学生作品2

五、总结

  在这节课中，老师也拿了范画——彩色小图片给孩子临摹，在教学中范画、尤其是优秀的范画是有必要出示的，在教学中必须要重视技法学习，因为孩子需要学习技法来创造自己的美。在教学中还可根据孩子的生活经验先玩游戏、讲故事、提问，再开始临摹，这样让孩子画画更有素材，而不是千篇一律地依葫芦画瓢。不要强求孩子画出的形状一定要怎么样准确，允许孩子歪歪扭扭，只要神似就行。在轻松快乐的绘画冲动中，孩子很容易凭自己的感觉画出物体的形状、动态。

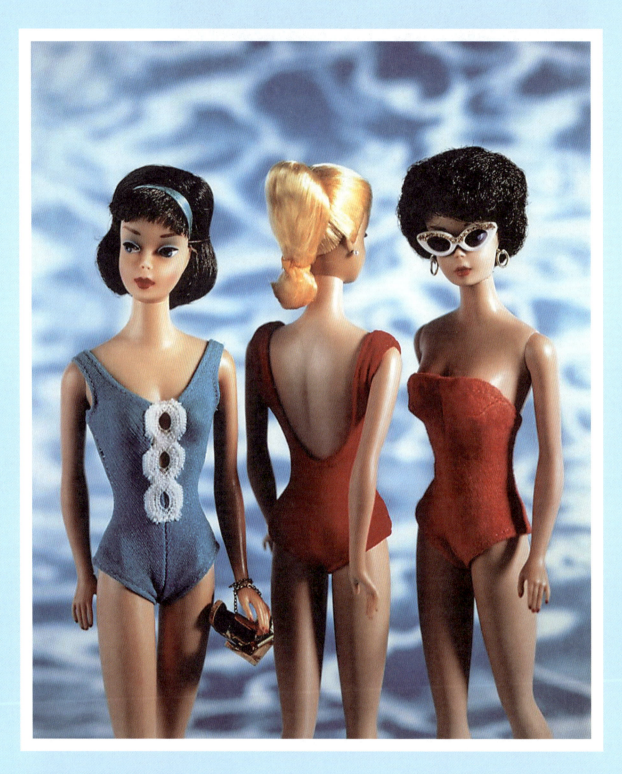

■ 大卫·莱文特《芭比娃娃》(Barbie)
当你看到这张照片,照片里的人物是真的还是假的?如果是真的,为什么感觉有点呆呆的,如果是假的,为什么又感觉栩栩如生呢?

第11课

摆玩偶玩摄影
——我是小小的摄影家

一、课程来源

大卫·莱文特（David Levinthal），出生于1949年，是美国当代著名的摄影家，他曾在斯坦福、耶鲁、麻省理工三所常春藤名校学习，获得了麻省理工学院的管理学学位，1981年他创办了海湾地区的公关公司，平时大部分时间他都从事高科技工作，只有利用业余点滴时间进行摄影。1983年，他卖掉了自己的公司获得了一大笔钱，经济上的独立，使他成为一名全职摄影师，他马上搬到了纽约生活和工作。

莱文特小时候，他的父母送给了他一套德国设计的牛仔人物，他每天就在美国大兵和西部牛仔人物的虚拟战斗游戏中长大。20世纪50年代时，他从电影和电视中观看了大量的西部片，这些童年消遣给他的未来带来了潜移默

■ 大卫·莱文特《西部牛仔》（Souther Cowboy）

■ 大卫·莱文特《打棒球》（Playing Baseball）

化的影响。

1972年，莱文特在耶鲁大学读研究生，一天他从百货公司买回一群玩集合游戏的玩具士兵，他将玩具士兵放在卧室的地板上摆成了一个战斗场景，然后再用简单的手绘方法画出小时候用积木搭成的建筑和城市式样，再用这些"建筑"和"城市"作为玩具兵的背景，他又从外面买来一个模型桥梁，把它放在这个战争场景中间，并拍下这一切。他很快发现，拍摄这些对象，给了玩具更多的生活和现实感，并赋予了玩具新的生命。从此他沉醉在玩具的世界里一发不可收拾。他不断从商店买或者去跳蚤市场搜集小玩具、小道具。将它们放在鞋盒里、纸箱子里进行摆设，还像舞台上灯光建设一样打上灯光，将场景布置成一个个小型办公室、酒店客房、游泳池大厅、门厅和狭窄的走廊等微型场景。莱文特喜欢探索每一个场景产生的不同情绪，这些场景揭露小空间的保密性和亲切感。莱文特说道："玩具是有趣的，我想看看我能够与他们有多少关系。在更深的层面上，他们代表了美国社会年轻一代的一种生活方式。自从我开始与玩具一起工作，我一直有很多好奇的想法，仅仅通过对它们拍照的方式，就能使这些看似有意思的对象就有了一种不可思议的人格力量。"

从20世纪70年代开始，莱文特就用宝丽来相机拍摄小玩偶，他的作品涉及美国流行文化的许多方面，从战争场面到棒球运动再到性感的芭比娃娃，莱文特以独特的风格立足于纽约摄影界，用自己新颖的作品来反映美国文化的变迁和美国的流行文化。

周啸虎（Xiaohu Zhou），出生于1960年的周啸虎是中国当代知名的视频动画艺术家。最初他在四川美术学院接受的是专业油画训练，后又学习雕塑，工作时从事的是美术设计。自1997年起他开始用计算机进行艺术创作，并自此开始了实验定帧视频动画、视频装置以及计算机游戏等不同形式的创作。他的作品经常表现能量、媒体角色和艺术家的认知。艺术风格符合他工作和生活的上海大都市的潮流。

近些年，"小玩偶"是他的艺术图式中常常出现的符号，通过小玩偶角色的变换，再结合录像

■ 周啸虎《党同伐异》(Against Montage-Intolerance)

和装置等多种新媒体艺术语言。显示了一种细琐生活中超现实的舞台效果。周啸虎最具有代表性的作品是《乌邦托机器》和《党同伐异》，这些都是使用陶塑小玩偶做成的装置和动画。他先用造价不菲的宜兴紫砂土捏制成小玩偶，再经过烧制，变成了陶塑小玩偶，然后他搭建了一个"舞台"，在"舞台"上周啸虎将一个个陶塑小玩偶模拟成故事场景中的人物，再拍摄成动画影像。他用现代的DV做影像记录，在技术上运用传统黏土的动画方式制作，将战争、反恐、国际峰会和自然灾害等场景都搬到作品当中，讽刺了被媒体控制的数字时代的基准，反映意识形态和大众传媒掌握之下的普通人的状态，因为木偶就是木偶，就像皮影戏，木偶的活动永远被后面的演员所操纵。在那里，公众的观点往往被新闻记录所操纵，说明了在数字时代中，历史在其特定细节可能被放大、伪造、篡改和遗漏的情况下，是如何被记录的。

周啸虎将他的雕塑思想和技巧引进视频艺术中，就像他曾说："尽管计算机能给我们完美的图片，但是在艺术作品里，我还是更愿意手工制作，因为艺术不是机器能完成的。"（如图：《党同伐异》雕塑装置动画，《乌邦托机器》陶塑装置影像国宝陶瓷。）

二、课程设计说明

我们知道儿童画画不仅是游戏的过程，还具有叙事功能，就像象征期的儿童喜欢游戏叙事，在装扮游戏中儿童喜欢将生活中的感知经验转化为游戏情节，比如把房间的一个角落布置成"小家庭""小超市""小办公室"等丰富的主题脚本。儿童画画具有同样的功能，儿童将生活中的感知经验转化为多维视觉形象，通过线条、形状和色彩来创造一个个自己喜欢的故事。中美两位艺术家周啸虎和莱文特的创作就像孩子的装扮游戏一样，都是通过"玩偶"的摆设来创作叙事主题。所以我们也要让孩子们向两位艺术家学习，通过玩具的摆设、背景的布置、绘画、手工制作和摄影，让孩子动手创作自己喜欢的情境，再利用科技来创作，孩子们的思路开阔了，想象力丰富了，创作力也调动起来了。

本节课的目标在于通过摆设玩具、布置背景，让孩子创建一个三维的模型，再通过摄影角度的取舍和构图进行拍摄，从而表达自己的审美和情感。

■ 周啸虎《乌托邦机器》（Utopian Machine）

■ 孩子最喜欢办"家家"1

■ 孩子最喜欢办"家家"2

■ 给小娃娃们拍照

三、教学过程

建议：让孩子了解以下词汇（并不要求完全记住）
摄影：用照相机拍下实物（也叫照相），或者是拍电影。

（一）名画欣赏

老师：现在我们来看一张照片（图《女孩23》），这张照片是美国摄影家大卫·莱文特拍摄的一个女孩娃娃，这个女孩娃娃嘴唇红红的，眼睛大大的，穿着大红色的套裙，戴着长长的白手套，头上还有一顶大帽子。在座的女孩们是不是都喜欢布娃娃，每个人至少拥有一个以上的布娃娃呢？在这张照片里，莱文特把女孩娃娃拍摄的像一个真正的高贵淑女。他拍摄了各种各样的女孩娃娃，形成了一个系列。叫《女孩系列》，比如《女孩1》《女孩2》《女孩3》，这张是《女孩23》。他还拍摄了其他系列，有《希特勒东移系列》《棒球系列》《现代浪漫系列》等。

老师：现在我们来看他拍的《历史系列》中的一张照片，这张照片叫《卡斯特的背水一战》是2012年拍摄的，在这张照片里我们看到了很多士兵在打仗。有的吹着冲锋号，有的拿着小手枪，有的拿着长步枪，有的骑着战马，有的高举战旗，这是历史上的一个战争场面，感觉整张照片上的

■ 大卫·莱文特《女孩23》(Girl 23)

■ 大卫·莱文特《卡斯特的背水一战》(Custers Last Stand)

气氛很紧张,画面上还有一种烟雾缭绕的效果。

老师:现在我们看看这两张照片有什么不一样。

(让小朋友观察一番再回答。)

老师:前景完全不一样,一个是女孩,一个是打仗的场面,背景也完全不一样,女孩的背景是单纯的蓝色,而《卡斯特的背水一战》背景是红色、黄色、橙色和黑色的阴影交织在一块。还有最后一个不一样,《女孩》的照片感觉是静止不动的,而这张"打仗"照片有运动的感觉。

老师:我们再来看这幅中国艺术家周啸虎创作的照片《乌托邦机器》,这位艺术家是先用泥土捏成一个个小人,再把它们放在事先做好的小舞台上排列组合,最后拍成了动画片,好不好玩?

老师:刚才我们看了三幅作品,都是艺术家用自己喜欢的小玩具和亲手做成的小玩偶经过摆放后再拍摄下来,这些小玩偶拍成照片以后像真人一样,今天我们也要用自己喜欢的小玩具像玩过家家游戏一样,经过摆放布置,再拍成一张照片。

(老师应在昨天提醒小朋友今天每个人带一个自己喜欢的玩具来到美术课上,现在老师准备用摆设玩具的形式让小朋友尝试摄影。)

(二) 材料准备

1. 素描纸(34×50 cm)
2. 各色彩纸、剪刀、胶水
3. 彩色铅笔、马克笔
4. 一些小物件、小道具、小摆设
5. 数码相机、彩色打印机

（三）创作步骤

1. 老师：今天我看见有的小朋友带的是Hello Kitty玩偶，有的带的是芭比娃娃，有的带的是变形金刚，现在我们要像玩过家家游戏一样，给自己心爱的玩具布置一个好玩的地方，让它在这好玩的地方玩耍和休息，再用相机把它拍下来。

2. 老师：我们现在想一想给自己心爱的玩具布置一个什么样的家，比如这个喜欢Hello Kitty的小朋友，可以给Hello Kitty玩偶布置一个生日派对的场面，我们先在素描纸上画下生日派对的背景，用彩色铅笔和马克笔画，还可以用剪刀在彩纸上剪下需要的图案往上贴。比如先在彩纸上画下一个生日蛋糕，再剪下蛋糕图案贴在素描纸上。

3. 老师：接下来，我们将这张画好背景的素描纸从两边折一下，像屏风一样，这张素描纸就竖起来了。然后我们在这张"屏风"前，摆上一些小物件，先放上一小张沙发，觉得不合适，再换一张小桌子，在桌子上可以摆放一套餐具，然后让Hello kitty玩偶坐在桌旁喝茶吃蛋糕。

4. 老师：现在我们拿出数码相机把这一切拍下来。

（老师和助理应走到每个小朋友面前，帮他们为自己的小玩具量身定做场景，帮他们一起设计背景，一起摆设小道具，摆放好的小朋友在老师的指点下用照相机在取景框中选好角度按下快门。每位小朋友可以多拍几次，老师在电脑里经过选择以后，用彩色打印机打印下来。）

5. 老师：大家一起过来，欣赏每个人的大作。

■ 步骤1：设计背景　　　　■ 步骤2：场景摆设　　　　■ 步骤3：摄影——Hello Kitty过生日了

四、学生作品欣赏

■ 学生作品1：从圣达菲来的车　　　　■ 学生作品2：准备表演的老虎

■ 学生作品3：孵小鸡的鸡妈妈

■ 学生作品5：想成为艺术家的小狗

■ 学生作品6：飞上天的战车

■ 学生作品4：想发财的小狗

■ 学生作品7：小企鹅坐在家休息

五、总结

  当代新媒体艺术对儿童的创新意识的培养有着无可比拟的优势，如果让孩子长期接触的是单一枯燥的传统美术形式，儿童美术作品的语言则往往千篇一律。而儿童新媒体艺术将构成、装置、图形、摄影、影像等形式进行有机的结合，情景交融，动静结合。这一切使在传统美术中难以表达的精神内涵通过新媒体艺术形象直观地表现出来，又一次激发了儿童发现美、创造美的兴趣。

- 维娅·萨里门《写实雕塑——石头》（To fix the Image in Memory）
  仔细看看这张照片上的石头，为什么其中成对的两个石头会一模一样呢？它们是大自然的产物，还是人工制作出来的？

第12课

写实雕塑
—— 玩3D

一、课程来源

维娅·萨里门（Vija Celmins），出生于1938年，是美国著名的视觉艺术家和雕塑家，她在拉脱维亚出生。1948年她刚好十岁时，和家人一起移民到美国的印第安纳州，在学校和家里，她并没有花很多时间学习英语，却把大量时间用在画画上。成年后的她一边学习绘画，一边定期造访纽约的抽象表现主义艺术家们的工作室。1961年她就读于耶鲁大学，在学校暑期班里遇见了一群艺术家朋友，每天在这群艺术家中受到潜移默化的影响，促使她下决心将来也要成为一名艺术家。

20世纪60年代末期开始，维娅从书本杂志的照片中得到启发，她想去描绘照片般逼真的绘画，从而表现大自然景象。维娅始终认为绘画应从照片中来，所以她的很多创作都是从照片转变而来。如果说她的前期作品都是以二次世界大战相关的主题为中心的话，那么从1968年以后，明显的转变开始出现在她的作品中，她开始关注自然环境和风光，比如海洋、沙漠、星域和岩石，后来蜘蛛网的形象也出现在她的作品中。人们曾这样评价与称赞她，即"以优异而精湛的手法在不同艺术领域进行了广泛的探索，在早期的作品中，她用油彩和木炭，勾勒出了一个因为战争而陷入不稳定的世界，后期的作品中，运用凹版印刷技术，专注于自然地描绘。"

■ 维娅·萨里门《星域》（Sky Full of Stars）

■ 维娅·萨里门《蜘蛛网》（Spider Web）

维娅不但用画笔在纸和布上描绘大自然，后来竟然用画笔在石头上描绘。原来维娅在新墨西哥北部居住时，每天都要散步，她一边散步一边低头观察路边的石头，因为她非常喜欢石头表面的肌理和纹路。有时候走着走着，突然眼前一亮，又发现了一块漂亮的石头，她便弯下腰捡起这块石头带回家，并将它放在汽车的后备箱中保存起来，慢慢地，石头越积越多，她又从中挑选出一批石头放在窗台上欣赏凝视，还将它们排成一个星座的样子。一天，她突然想到，我为什么不去描绘复制它们，复制得一模一样，以假乱真，从而挑战观众的眼睛。说干就干，她精心挑选了11块石头，用青铜铸造出和这11块石头形状大小完全一样的青铜石头。然后花了整整5年时间用毛笔蘸着颜料在青铜石头上涂抹。将青铜石头的颜色纹理和天然石头描绘得一模一样。她精心铸造青铜彩绘，复制逼真的石头，称为写实雕塑。

二、课程设计说明

一是，今日的儿童美术教育已不是要把儿童培养成为画家，也不是针对少数极具美术天分儿童的教育，而是激发所有儿童的天赋才能，通过艺术教育的表现，尝试用各种媒材表现自己的感受和想法。二是，如今的电子科技日新月异，传统材料的创作方式受到了很大的冲击，儿童美术的表现也不必完全由传统的媒材来表现运用，还可通过电脑创造，尝试各种新技术，充分享受科学和艺术结合的乐趣。三是，儿童爱模仿是一种与生俱来的本能。我们从维娅铸造青铜石头的写实雕塑中得到启发，要"师法自然"，就是向大自然学习。另外在形式上的完全模仿复制也是当代艺术的一种精神表现。

本课目标在于配合多媒体与科技的结合，运用最新电脑三维制作技术，尝试不同媒材表现的领域，让美术教育呈现多元活泼的弹性空间。

三、教学过程

建议：让孩子了解以下词汇（但不要求完全记住）

3D：不是平面的，而是有空间立体的东西。

（一）名画欣赏

（老师先介绍一下维娅·萨里门的生平经历和主要作品。）

老师：看这张照片上有很多石头，这些石头有各种各样的形状，深浅不一的灰颜色，石头上的花纹也不一样。

老师：我们再仔细观察一下，这些石头当中每两个石头是完全一样的，比如这个圆圆的和这边一个是完全一样的，这个长长的和另外一个长长的也是一模一样，这个半圆形土黄色的和这边一个也是完全一样。

（老师一边说，一边用长长的羽毛在照片上指出几对完全相同的石头。）

老师：现在我们来比一比，看谁的眼睛厉

■ 哪个石头是真,哪个是假?(1)

■ 哪个石头是真,哪个是假?(2)

害,继续找出剩下的每两个完全相同的石头,请找到的小朋友举手后上来指出来。

(老师请举手的小朋友,分别到讲台上指出照片里完全相同的石头。)

老师:现在小朋友们已经找得差不多了,这些完全相同的石头是天生一模一样的呢?还是人造出来的呢?

(老师等小朋友想一想后,再回答。)

老师:原来呀,这些石头一对中的一个是大自然的产物,一对中的另一个是人造出来

■ 哪个石头是真,哪个是假?(3)

的。真石头是维娅·萨里门在路边捡的,假石头是她用青铜在机器上打磨,让打磨后的青铜形状和这些捡来的石头形状完全一样。接下来她又花了5年的时间用细毛笔和颜料在青铜石头上仔细描绘。描绘出的颜色、纹理和真石头完全一样,连一个极小的斑点、一个极细的线条也不放过。最后,这些青铜石头成了一种雕塑。

老师:今天我们也要用3D打印机,将自己喜欢的小工艺品打印得和雕塑一样。

(老师应在上课的前一天提醒小朋友带一个自己喜欢的小工艺品来上美术课,工艺品的大小不要超过小朋友的手掌。老师准备让孩子用3D打印机,打印出孩子们喜欢的小工艺品。)

(二)材料准备

1. 3D打印机、3D扫描盘
2. 每人带一件自己喜欢的小工艺品
3. 12色马克笔

(三)创作步骤

1. 老师:大家看这台3D打印机,它可神奇了,可以打印出任何立体的东西。比如打印一个戒指、一个玩具、一个手机套等,任何你想要的东西都可以打印出来,甚至还可以打印一栋房子。

2. 老师:现在我们开始用3D打印机创作写实雕塑,因为只有一台3D打印机和一台3D扫描盘,请小朋友轮流来,当没有轮到自己时,可以在旁边观察打印机是怎样工作的。

■ 老师帮助小朋友一起打印小工艺品

■ 老师将小工艺品放在3D扫描盘上

（老师请第一个小朋友上来。）

3. 老师：请将你喜欢的小工艺品放在扫描盘上。

（老师应该帮助小朋友一起将他的小工艺品放在扫描盘的正中间位置，然后让小朋友按下开关。）

4. 老师：大家看这台3D扫描盘开始工作了，这个圆盘像微波炉里的盘子一样正在旋转。这时又射出两道光，这两道光开始测量这个小工艺品有多高、有多胖，它把测量的结果告诉3D打印机，3D打印机就开始工作了。

5. 老师：大家看3D打印机正在一点点地喷墨，一点点地高起来了，这个墨水是一种塑料，几分钟后，就打印出完全一模一样的塑料小工艺品。打印的东西越小，打印所需的时间就越短；打印的东西越大，打印的时间就越长。

（几分钟后等打印结束，老师可以将小朋友带来的工艺品和刚刚打印出的小工艺品进行比较。）

6. 老师：看，外形完全一样，如颜色还有点区别，我们则可以用马克笔涂一下，就像维娅用毛笔在石头上画画一样。

■ 步骤1：小朋友带来的埃菲尔铁塔玩具

■ 步骤2：打印了一半的埃菲尔铁塔

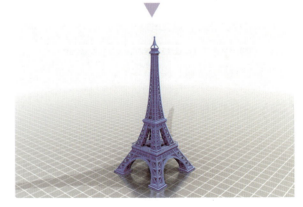

■ 步骤3：打印完成的埃菲尔铁塔

四、学生作品欣赏

■ 学生作品1：3D打印的小玩具那个是真,那个是假?

■ 学生作品2：你能找出哪个是3D打印的自由女神像吗？

■ 学生作品3：哪个是3D打印出的鸡蛋？

五、总结

  孩子们都喜欢单纯而丰富的艺术世界，现在越来越多的人已体会到电脑科技对孩子的巨大影响。电脑科技与新媒体世界里五花八门的多元内容，活泼生动的电脑设计，给在数码媒体时代中成长的孩子创造了丰富的童年。尽管3D打印设备和耗材的应用范围目前还仅限于很少的领域，但这种高科技也许在不遥远的未来也会像普通打印机一样成为每个老师手边的基本工具，教师对高科技应持一种敏感和开放的态度。在尚无条件直接尝试的情况下，借助本课向儿童介绍和展示类似的活动也可以开阔儿童的眼界，丰富儿童关于艺术创作的间接经验。

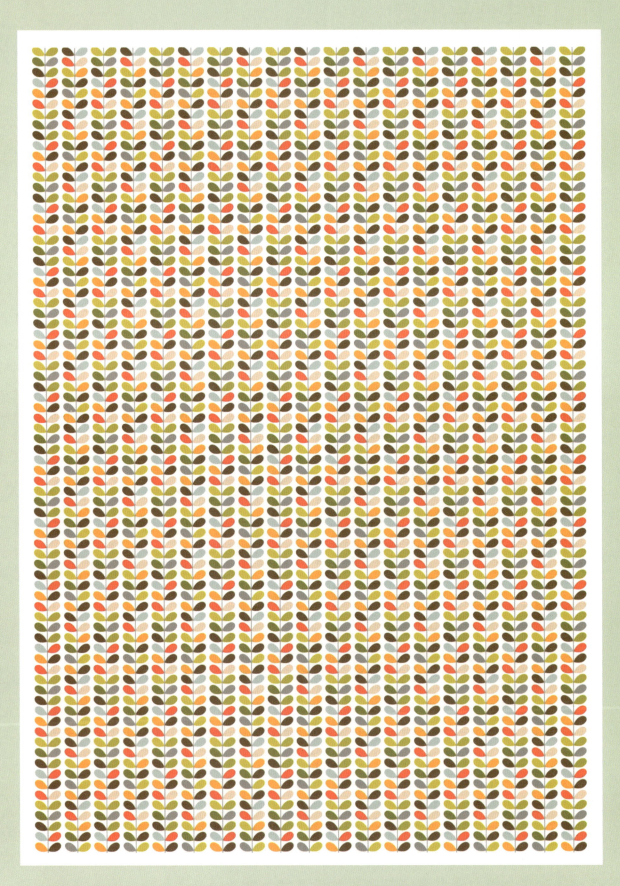

■ 彩色树叶图案
当你看到这些彩色树叶图案,是否感觉似曾相识,你是否在苹果零售店里出售的iPad保护套、女士提包、连衣裙上,甚至一些居家产品和公交汽车上,看到过这些树叶图案?

第13课

纹样可以这样画
——"啪登"的秘密

一、课程来源

奥兰·凯利（Orla Kiely），出生于1963年，是英国著名的图案设计师，她曾在爱尔兰都柏林国家艺术设计学院攻读布料设计，毕业后来到伦敦，又在皇家艺术学院获得了纺织品硕士学位。机遇来自1977年的一个周末，奥兰正在设计一款彩色树叶图案（是一种根茎类植物）的女士提包，按照合同，她要在下午5点之前，把这个设计送出去。在紧迫的时间下，她灵光一现，设计出一种简洁明了的树叶图案。事后没有想到的是，这个由鲜艳简洁的树叶构成的图案设计，让Orla Kiely这个以她名字命名的品牌一炮走红。原来，当时市面上的手包大多是黑白两色，而奥兰设计的印花女式包包色彩亮丽，既具有英伦复古气息又充满了灵动与欢快，一下子得到了女士们的喜爱与追捧。一不做二不休，奥兰·凯利又将这一片片树叶图案运用到了壁纸、马克杯和其他家具产品上。

奥兰特别偏爱20世纪60、70年代的风格，在她家的房间里，就摆放着她从老街上旧货商店里淘来的古董茶几、老钢琴，还有从不同国家的跳蚤市场上淘来的大大小小的古董花瓶。那个时代的建筑，印花图案都给奥兰带来了无尽的灵感。所以我们在她标志性印花作品中常看到花纹、树叶、几何波纹等融入现代感的图案，这位有着"印花女王"之称的设计师对重复的图案特别敏锐，经过她精心编排、结构清晰、裁剪大胆、风格明快、多彩又俏皮的作品风格使奥兰的设计风靡全球。

俗话说，艺术来源于生活，图案也不例外。图案不但来源于生活，更来源于大自然。生活中一切自然形态、几何形类的物象都是图案艺术创作取之不尽、用之不竭的素材。奥兰·凯利仅仅利用几片树叶就创造了经典。看似几片简单的叶子，怎样去排列组合？怎样将平面构图和色彩构成的基本原理应用其中？其中，点、线、面在设计中起到了关键作用。

比如一个小小的"点"在平面中不但具有表明位子的特点，另外，点的不规则聚散变化可以表现出丰富的韵律感。不同的点有不一样的特点，大点有简洁、单纯、统一的特点，小点有丰富、零碎的特点；方点是滞留感，圆点是运动感；实点是肯定感，虚点是飘逸感。

不一样的线也表现出不同的情感。水平线具有平稳、宁静的感觉，垂直线具有端庄、延伸的感觉，斜线具有飞跃、下滑的特点，粗线是强壮有力，细线是秀气柔弱，虚线是神秘，糙线是古朴等。其次，点、线、面的构成组合可以形成不同的美感。比如有规律地重复能加强感情色彩，增加感染力，过多的重复容易形成单调乏味的感觉。另外图案设计要求不同程度上的特异性，鲜明的特异会破坏统一，但吸引眼球。含蓄的特异无法

■ 女士提包

■ 椅子

■ 灯罩

■ 壁纸

让人看到惊奇，但能在细细品味之中感到意味深长。任何元素都可以作特异的处理。特异的不同形式有：位置的特异、形象的特异、方向的特异、大小的特异、色彩的特异，可单独使用，也可综合使用。

总之，艺术的产生标志着人类从愚昧走向文明，而图案的产生和运用，则是人类聪明智慧的结晶。向国内外著名图案设计大师学习，仍不失为引导我们学习好图案设计和其他专业设计的最佳途径和方法。

二、课程设计说明

视觉设计是为了某个具体目的把各种材料和形式组织起来,形成一个连贯的整体,是艺术语言在人类日常生活的应用,设计体现了人们对生活的审美需要。加拿大艺术教育家艾尔·赫维茨说:"艺术教育的一个功能就是要发展儿童的设计意识。"美国的艺术教育同样重视作为艺术应用的设计。

每位普通儿童对客观世界的感知都开始于基本的图形,当图形按照一定形式进行有序组织时就成了平面设计。我们的生活中处处存在体现审美追求的痕迹。本课的目标在于让儿童体验图形纹样带来的审美感受,关注并对生活中的设计感兴趣,并通过学习简单的图案纹样和实际的设计体验感受改变和控制环境的趣味,练习对图形的想象力,进一步锻炼对线条的组织能力和抽象概括的表现能力。

三、教学过程

建议:让孩子了解以下词汇(但不要求完全理解)

图案(Pattern):重复的线条和花纹,多用在纺织用品、工艺品和建筑物上。

线条:连接两点形成线的。

垂直线:从上往下的线,显示力量。

水平线:平躺的线,显示平静和放松。

斜线:跟平面或直线既不平行也不垂直的线,显示运动和行动。

(一)名作欣赏

(老师先介绍一下奥兰·凯利的生平经历和设计作品。)

老师:大家看这幅图,这上面画的是什么?

(等小朋友观察后再回答。)

老师:原来策划的是一根树茎,是一根树枝上左右各长出一片片的小叶子。小叶子的形状完全一样,就像一个个椭圆形的小点点在枝茎两边。

老师:这一根枝茎又向左右两边重复地延续开来。这样有规律地重复,叫图案(Pattern)。

老师:树叶一般都是绿色,奥兰却把它们画成不同的颜色,非常漂亮。仔细看看每片叶子上的颜色,跟我一起认一认,黄色、褐色、草绿、黄绿、红色、灰色、黄色、褐色、草绿、黄绿、红色、灰色,怎么是一样的,原来这些

■ 床上用品

颜色也是有规律地重复。

（老师一边认颜色，一边用羽毛在图片上指出。）

老师：奥兰还将这些树叶子图案运用到了很多地方，提包上、茶杯上、收音机上、墙纸上、沙发上，甚至公交车上。

（老师一边讲，一边在图片上指出来。）

老师：我们再欣赏奥兰设计的其他纹样图案，有小汽车纹样、不同系列的花卉纹样、还有小鸟图案，漂不漂亮？

（老师应分别在图片上指出不同的纹样。）

老师：今天我看到有的小朋友的T恤上、裙子上也有美丽的图案纹样，我们请他们上来给大家看一下好不好？

（老师指出几个有代表性的小朋友衣服上的图案纹样给大家欣赏。）

■ 收音机

■ 连衣裙

■ 公交车

■ 小鸟图案

■ 花卉图案

■ 花卉图案1

■ 小汽车图案

■ 飞机图案

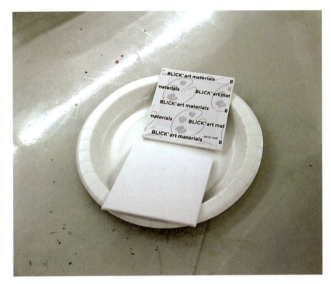

■ 帆布面板

（二）材料准备

1. 帆布面板（10×10 cm）
2. 胶带纸（1厘米左右的宽度）
3. 丙烯颜料
4. 毛笔、洗笔杯子、调色盘

（三）创作步骤

（动手前，老师一边讲解一边示范。）

1. 老师：现在我们用胶带纸在帆布面板上贴成一条一条的直线，每条直线之间宽度尽量一样。

2. 老师：用毛笔蘸上蓝颜色，把这张贴完胶带纸的帆布面板全涂上蓝色。

3. 老师：再将胶带纸小心撕掉，哇，一条条白色的线出现了。这条小小的帆布面板上出现的一条条蓝白相间的纹路就是图案。

4. 老师：我们还可以将胶带纸在帆布面板上朝不同方向贴，但胶带纸之间的宽度要保持一样，这样就形成了不同的图案，开动小脑筋，看谁的图案最漂亮。

5. 老师：我们撕掉胶带纸后，还可以用另外一种颜色将白色的地方涂上颜色，这样面板上就有两种色彩了。

■ 老师在讲解什么是图案

■ 步骤1：将平行粘贴的4条胶带纸的帆布面板全涂上红色，在开始撕掉第一条胶带纸

■ 步骤2：将胶带纸全部撕掉

■ 步骤3：将留白的部分再涂上另一种颜色

■ 小朋友正在创作

■ 兴致勃勃

■ 全神贯注

四、学生作品欣赏

■ 学生作品1

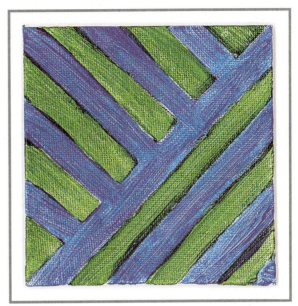

■ 学生作品2

五、总结

  让孩子自己挑选两种颜色来搭配图案,孩子一般喜欢鲜艳的色彩,他们选的颜色有些在大人看来是非常难看的搭配。即使这样,老师也不要指手画脚,以免抹杀了孩子对颜色的天生敏感和热情。老师可以让孩子介绍自己的大作,这个颜色代表什么,那个颜色代表什么,为什么喜欢把这两种颜色放一起? 大部分孩子选择颜色是依靠平时生活中的经验和天生的本能,只有部分孩子能说出所以然来。听完孩子的介绍,我们也许会惊讶,原来孩子眼中的世界是这样的。

  本课如果结合一些特定节日开展,如让儿童为迎接节日对教室环境进行装饰,或设计一些小礼物,可以充分调动儿童的积极性,并体验自己的作品为环境带来改变和影响的成就感。

乔治·西格尔《街路口》这些雕塑为什么大部分是白颜色的？为什么表面很粗糙，只有人物的外轮廓形状，没有精细的局部？"他们"是怎样做出来的？

■ 乔治·西格尔《街路口》(Street Crossing)
  这些雕塑为什么大部分是白颜色的？为什么表面很粗糙，只有人物的外轮廓形状，没有精细的局部？"他们"是怎样做出来的？

第14课

波普雕塑
——自己做自己的"手"

一、课程来源

乔治·西格尔（George Segal），出生于1924年，是美国著名的波普雕塑大师。他的父母是从波兰移民美国的第一代移民。成年后的西格尔常常回忆双亲为了生存，在纽约郊外经营养鸡场时的艰辛。因此，西格尔的生活方式、思维方式时常体现一个劳动人民的踏实与实干精神。在他的作品中也往往泛着一股中下阶层人物的卑微与无所事事的茫然。

年轻时的西格尔获得纽约大学艺术教育学士学位后，开始了绘画创作。为了生存他一边在高中教美术一边经营养鸡场，在繁重的工作之余进行艺术创作。曾有一段时间，他犹豫不决，不知道自己是从事绘画艺术还是雕塑好。那时他是汉斯·霍夫曼的学生，也是一位抽象表现主义者，他经常沉醉在纯颜色产生的偶然效果的那种神秘感中，陶醉于涂撒、激烈的姿势、热情的动感和真实的心灵之中。直到1958年他终于将自家低矮的鸡舍改成了雕塑工作室，一心一意地开始了雕塑的一生。所以60年代人们一提起西格尔就会说：噢，那是一位在鸡舍里搞雕塑的新人。

西格尔的雕塑在制作方法上是对传统雕塑技法的完全颠覆。传统的雕塑是用锤子、凿子在石头或木头上雕凿，而西格尔却用医院骨科包扎骨折病人的石膏纱布作为雕塑新的媒介物。一年夏天，他拆开了几个百货商店的人体塑料模型以了解简单的人体结构。然后在自己身上做实验，他先用普通石膏绷带将裸体的自己缠绕起来，并请太太海伦帮助，继续用浸泡过的石膏绷带将下身、头部和四肢小心包裹好。为了便于卸下石膏模型，他们俩在接口处都留下了充足的余地，然

■ 乔治·西格尔《公交车司机》（Bus Driver）

■ 乔治·西格尔《女人在公园长凳上》（Lady Sitting on Park Bench）

■ 乔治·西格尔《正餐》

而过了一会儿，石膏绷带开始快速凝固、变暖、收缩、急剧变化起来。西格尔感觉到难以忍受的窒息，海伦吓坏了，赶紧奋力将收缩模型中的西格尔抢救出来。而这个名为《坐在桌前的男人》的雕塑作品也成了西格尔的成名作。雕塑中还留下了西格尔的体毛，成了很好的样本。从此他找到了自己的艺术表现形式，而且一直固守这种技法，并不断改良。

他开始不断请好朋友们来当模特儿。他先想象好这些模特儿在火车站、照相亭、汽车旁、浴室里和门廊旁应该摆什么样的姿势，然后将摆好姿势的朋友一层一层用打湿的石膏纱布包扎起来，然后浇模、开模、清模、修模，也就是等石膏在人身上硬化成形后，再小心翼翼取下这些石膏空壳，按人体各个部位（四肢、腿部、躯干、头等）将它们重新连接起来，形成雕塑石膏体中间是空的内壳，外壳石膏中间夹杂着纱布绷带形成一种粗糙的肌理效果，著名的"绷带缠绕技法"便由此产生。这些部件也组成了一个真人大小的雕塑。

最初，西格尔保持石膏的白色，但几年后，他开始为石膏雕像上色，到了晚年，他以青铜铸造作为最后的形式。西格尔通过雕塑表达出对人的深刻理解。他的艺术风格受到"波普"艺术的影响，捕捉的是日常生活中人们做的普通事情，在他的作品中我们看到人们在公交车上、在工作、在吃饭休息等不同场景中的状态，他将石膏人置放在具体的环境中，通过组装实物的桌子、椅子和日常用品来创造日常的环境。这样的环境与"石膏人"形成了强烈的反差和对比。另外，他着眼于普通人的下意识动作，既不要戏剧性，更不要英雄人物，他将普通人和普通事情变成了一种神奇的艺术。

二、课程设计说明

长久以来，人们都认为儿童美术训练应以平面为主。然而由于教育形式和美术思想的不断进步，让平面艺术配合劳作手工，创造立体甚至活动的作品，既能引起儿童的兴趣，又能给予儿童视觉上的享受。这节课用雕塑家西格尔的作品启发儿童内在的学习动机，使艺术创作融合自己的身体部位，让儿童享受探索自己的乐趣，并将自我探索与美感体验转化为艺术创作动力，创作出独一无二的雕塑作品。

本课教学目标在于引导孩子尝试用手工材料完成表现自己的"手"的雕塑，增进艺术表现能力和发展动手操作能力，大胆尝试，体验动手的乐趣。

■ 正餐局部

三、教学过程

建议：让孩子了解以下词汇（但并不要求完全记住）

雕塑：是指用泥巴、石膏、木材、石头、金属等材料创造出立体的艺术品。

（一）名作欣赏

（老师先介绍一下乔治·西格尔的生平经历和主要作品。）

老师：我们现在欣赏美国著名波普雕塑家乔治·西格尔的雕塑作品《正餐》。

（老师可以用一根彩色羽毛指着照片讲解）

老师：大家看这个男人坐在凳子上，他在干什么呀？

（听小朋友回答。）

老师：这儿还有女人是站立着，她是谁？她在干什么？她手里拿着什么东西？

老师：这是个什么地方？为什么这个男人身边没有其他的凳子？

老师：你们有谁曾经去过这样的地方？你们平时每天都去什么地方呀？

老师：在我们生活当中，这儿应该是餐厅的一角，是个吧台。这个男人是来吃饭的客人，这个女人是服务员，她正在为这位客人倒咖啡。

老师：为什么这组雕塑和生活中的餐厅不一样？哪些东西是真实的？哪些东西是艺术家西格尔制作的？

（等小朋友观察思考回答后，老师再讲答案。）

■ 步骤1：将卫生纸卷成小圆柱

■ 步骤2：将卷好的卫生纸小圆柱分别塞进一次性医用手套的手指里

■ 步骤3：将手套的手掌部分也塞进卫生纸，再用拳头压紧

■ 步骤5：将粘贴完纸条的手雕塑上色

■ 步骤4：用小纸条将手套粘贴几层

老师：因为这是一组雕塑，这两个人是艺术家用石膏材料制作的。而其他的物品：咖啡壶、水龙头、调味盒和男人使用的盘子全是从商店买回来的真东西。

老师：现在我们为这两个奇怪的石膏人在这个地方来创编一个故事好吗？

（让小朋友们发挥自己的想象，根据这个场景编一个自己喜欢的故事，锻炼一下口头表达能力。故事讲完后，老师可以让孩子们开始用手工的方法像西格尔一样做人体的一部分——手。）

（二）材料准备

1. 一次性医用手套
2. 卫生用纸、废报纸
3. 普通白纸撕成的小条
4. 胶水
5. 水粉颜料、毛笔

（三）创作步骤

（老师给每位小朋友一只一次性医用手套。）

1. 老师：我们先用卫生用纸将这只手套填满，先将卫生纸卷成手指大小的五个小圆柱，再把这五个小圆柱塞进手套的五个手指里，再用卫生纸继续将手套填满，这样形成了一支"手"。

2. 老师：现在用报纸撕成小条，再将小条粘上胶水把"手指"一个一个地包裹起来，五个手指粘满纸条后，在粘"手背""手心""手腕"。

3. 老师：用报纸撕的小条将整个"手"包裹几层后，再用白纸撕的小条将手最后粘完一遍。

4. 老师：用毛笔蘸上自己喜欢的颜料将手涂上颜色，还可以给指甲涂上"指甲油"。

（老师一边讲，一边做示范，再走到每位小朋友面前辅导。）

四、学生作品欣赏

■ 学生作品1

■ 学生作品2

■ 学生作品3

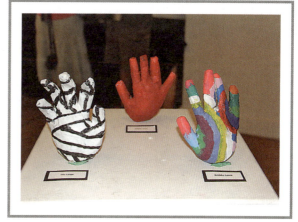
■ 学生作品4

五、总结

　　雕塑是一种立体视觉造型。艾尔·赫维茨在《儿童与艺术》一书中指出，所有年龄儿童都能成功地进行黏土塑造，但木雕和石膏却只有到青春前期的儿童才能进行操作，因此开展雕塑活动特别需要教师考虑媒材和技巧与儿童年龄的适宜性。

　　乔治·西格尔打破传统的立体造型创作方法和本课利用塑胶手套的创意都提供了一种有别于传统雕塑创作的新思路。本课程中将手工教育内容与当代雕塑名家的艺术观念和技法相结合，为培养幼儿的动手能力和三维空间的概念提供了一种很好的思路。教师在使用本课程时，可以积极拓展思维，因地制宜、因时制宜，根据周围环境的实际情况创造性地运用其他材料或现成模型，以及不同手工工具和材料，运用塞、贴、剪、折、塑等技法拓展儿童创作立体物体形象的艺术经验。

■ 顾菁《四季》(Four Seasons)
当你看到这张由图章盖印和中国的工笔画相结合的绘画时,是否很喜欢?自己也来试一试?

第15课

图章画
——盖图章真好玩

一、课程来源

如今，图章画作为一种新兴的文化艺术符号，犹如一朵小花，在博大精深的艺术海洋里散发着独特的魅力，吸引着人们进入方寸世界。一方面，图章画从实践层面，丰富了当代艺术发展的多样性，同时，也反映了基于后现代主义背景下艺术发展的边缘化倾向。

在当代社会，艺术已不再局限于小众的精英文化，而扩展到大众文化和通俗化图像。而且在现代艺术中受艺术符号学影响，艺术语言正由图像向符号慢慢转变。符号的运用越来越多样，形态变得越来越切合当代生活。图章画受到艺术符号学影响，被赋予了艺术符号鲜明的特征，体现了人们的丰富情感。

现代的盖图章画最早流行于欧美，2006年左右传入日本、韩国再到台湾，随后进入中国大陆。图章在古今中外各个历史时期有过众多的别称，比如在中国古代叫"印章"，印章是我国独有的书法和雕刻相结合的工艺美术，印章作为中国古汉字和中国古印刷术的结合，长期以来是作为一种签名形式和凭证的形式存在。古代图章大多以玉、石、木为载体，现代图章更是以塑料、橡胶、代木板、海绵等新型材料为载体，雕刻各种英文、汉字、数字、图案等。我们现在利用各式各样的图章盖画创作，图章的形状、图章的排列、印泥或纸张的颜色以及每次盖印时所产生不同的深浅肌理变化，展现了一种休闲性、趣味性和原创性特征，这正是电脑和印刷无法创造出来的手工艺风味。

如今市面上的美术图章大多是橡皮图章，因为橡皮对于木材、石材等其他材质而言更为柔软、易于雕刻，物美价廉。图章的图案素材也丰富多彩，从创作原型角度讲，可以分为动物类、植物类、人物类、文字类、风景类，从图案出现的时期讲，又可分为传统图案和现代图案，从图案的造型角度讲，还可分为：几何形图案、写意形图案、写实形图案。图章上的图案选择一定程度上被赋予并反映了这种艺术形式所表现的艺术属

■ 中国印章1

■ 美国图章

性特征。

图章盖画还具有一个特殊意义，就是从立体到平面再到立体。在西方绘画史上，绘画是通过透视原理在平面上表现立体空间的效果。而图章画则更近了一步，它是让图章上的凹凸立体在平面上进行表现。也就是说图章画经历了从三维到二维再到三维的过程，即首先在三维空间创作，然后才转入二维空间表现三维效果。

总之，东方和西方文化不同，艺术风格也完全不同，图章上的图案就是最好的证明。比如日本的民族文化本质上可以说是"闲寂"与"苦涩"，艺术上也表现为简单、质朴、含蓄、典雅和不事雕饰。日本的图章艺术形式与日本民族文化保持了完全一致性。美国的图章文化深受波普艺术的影响，具有讽刺、幽默、流行、大众化的特点。但不管东方还是西方，当代的图章文化都具有市场化、世俗化、平面化、形式化、游戏化、批量复制等特点。

■ 北京奥运标志

■ 在包装纸上盖图章

二、课程设计说明

这节课意在将手工和绘画相结合，既让幼儿挑选自己心仪的橡皮图章进行盖印，培养幼儿的动手能力；又让幼儿为图章配上图画背景，让幼儿再次拿起画笔，运用线条、色彩、造型、构图等艺术语言，将其生活体验和个人情绪转化为具体、可视、可感的视觉形象，发展其审美创造能力。

大量儿童成长过程中的事实证明，他们有从事美术活动的需要。大部分孩子在一岁左右开始，就喜欢到处涂抹，随着年龄的增长，只要条件具备，几乎每个儿童都喜欢用大量时间去画画，甚至一边画还一边念念有词，高兴得不得了。当幼儿到了三、四岁时，随着心理能力的发展，他们渐渐地从无意识的涂鸦转到了有意识的象征式的绘画表现阶段，他们开始记录和表现自己的生活和经验，表达和交流自己的思想、观念、情感和幻想。所以这节课让儿童自己为图章图案配画，正是基于儿童表达自己情绪情感的本能需要，他们的创作过程将很好的传达他们内心的想象和需要。

本课的目标在于在摸摸、蘸蘸、盖盖、画画中，让孩子亲自尝试自由选择图章，充分享受自己的亲身体验，发展观察、比较简单事物的能力，通过盖图章能提升孩子的抓握能力，同时也能使他们感知图案的排列与组合的能力得到提升。

三、教学过程

建议：让儿童了解以下词汇（但并不要求完全记住）

印章：中国的图章。是让中国的书法和雕刻相结合，在石头或木头上雕刻完成，然后在纸上拓印图案。也是中国书法和绘画不可分开的艺术。

（一）作品欣赏

老师：大家看这幅日本木刻印画，它为什么画得这么细？是怎样画出来的？原来是先用刀在木板上刻出图像，再用滚筒滚上油墨，再印在纸上。画的是些什么呀？

老师：我们一起来看看，有武士、龙、船、水和山等。

老师：大家看这个红色的盖印，写的是中国字——龙、中国。原来这是中国的图章，中国的图章也叫印章，有5 000多年的历史，是中国的书法、绘画和雕刻结合在一起的艺术。中国人喜欢将字刻在石头上，再蘸上红色的印泥，盖在画上或者文章诗歌旁边，就像写上自己的名字一样。

老师：因为中国人很喜欢印章，所以2008年的北京奥运会将印章和书法及体育结合在一起，巧妙地将印章图形刻画成一个向前跑步、迎接胜利的人。

老师：看最后一张照片，是用几个图章分别蘸上红、黄、蓝和绿色在包装纸上盖上图案，再用这张包装纸包扎礼物，是不是很漂亮？不同的图章盖的图案不一样，而且每次盖的时候要保持一定的距离，现在我们也来试一试盖图章。

（现在老师准备用两种创作方法让小朋友尝试盖图章画。）

■ 日本木板印画

■ 中国印章2

（二）材料准备

1. 各种不同图案的图章
2. 素描纸、草稿纸
3. 不同色彩的颜料液若干盘
4. 水彩画笔、调色盘

（三）创作步骤

1. 老师：请小朋友选择自己喜欢的图章图案随意在草稿纸上敲图案，获得一些敲印的小经验。一要清楚我们每次蘸染颜料应该蘸多少；二是小手要拿稳图章，盖下去后就不要在纸上移动；三是保持画面整洁。

2. 老师：试盖得差不多了，请用自己挑选好的图章在素描纸上盖出图案，再为这个图案配上背景。比如你盖的是蝴蝶，可以为蝴蝶配上绿绿的草地，蓝蓝的天空，清清的河水、游来游去的小鱼等。

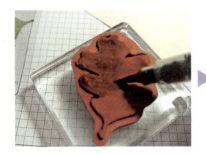
■ 步骤1：图章涂色

■ 步骤2：图章盖画

■ 步骤3：有规律的盖印形成漂亮的画面

■ 小朋友正在创作中

3. 老师：请用水彩画笔和颜料画背景。

（让孩子动手操作，老师巡回指导，提示孩子可以选择自己喜欢的色彩进行盖印，蘸颜料时要适度，不要太多或者太少，太干或太湿，用力时要到位。）

4. 老师：画完背景的小朋友，可以绕着桌子参观别的小朋友的作品，选一个自己最喜欢的同学的作品，并讲一讲为什么喜欢这幅画？

（老师对孩子的作品进行简单的评价，对幼儿积极大胆的创作给予肯定。）

四、学生作品欣赏

■ 学生作品1：将几种图章图案混合盖印在一张画面上

■ 学生作品2：为星星和树叶图案配上猫咪

■ 学生作品3：为小兔图案配上山路

■ 学生作品4：为爱心配上梦幻空间

■ 学生作品5：为树叶图案配上太阳、草地和猫咪

■ 学生作品6：将图案连续盖印形成彩虹

五、总结

　　注意孩子能否敲印图章后再配出有情节的画面，可尝试让孩子讲述自己的画面故事。可以让孩子一边盖一边讲，引导孩子学习在纸上印画，培养孩子对图章画的兴趣，体验美术活动中的美感和快乐感。对孩子的美术作品给予评价的同时，还可以对孩子的创作过程给予评价。对创作过程的评价，既要关注孩子掌握美术知识、技巧的情况，更要重视对他们美术学习的态度、习惯、兴趣的鼓励和表扬。比如，能否大胆和自由地表达自己，能否安全地使用材料和工具，能否在结束后帮老师一起收拾整理，能否与同伴友好合作等。

　　对孩子美术作品的评价，因为美术不是科学，不能用标准答案来评价。由于评价者的视角不同，有不同的评价方法和标准，可谓仁者见仁、智者见智，所以对儿童美术作品的评价无论用什么标准，都应该顺应孩子的身心发展，对孩子的作品给予充分的尊重和理解，评价时以鼓励为导向，找出每个孩子的闪光点给予肯定与表扬。多关注孩子的想象力、创造力和表现力，绝不能以画得像不像，涂色是否均匀，线条直不直，画得干净不干净等作为评判标准。

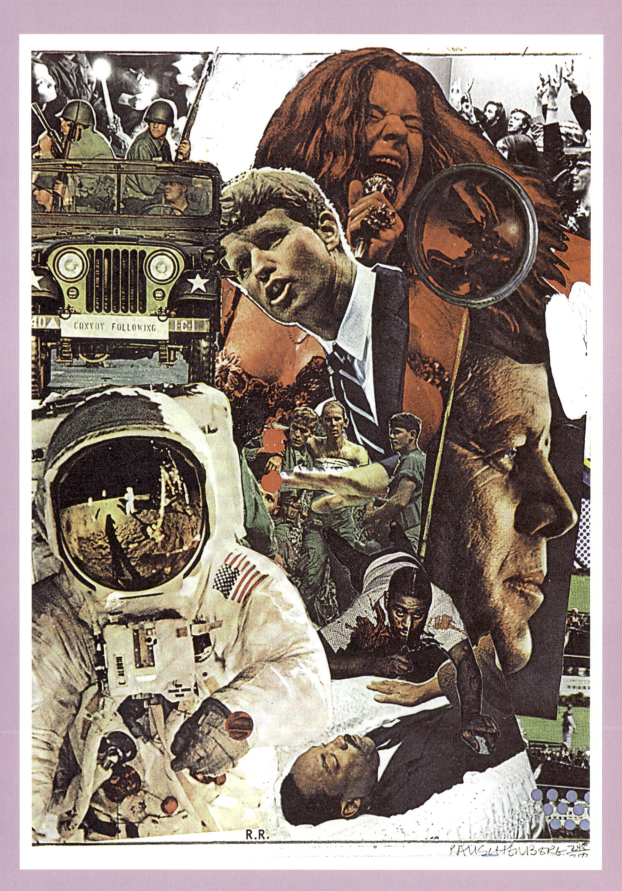

■ 罗伯特·劳申伯格《信号》（Signs）
　　看看这幅画，上面有肯尼迪总统、士兵、宇航员等重要人物，画家为什么把他们都集中在同一张画面上？他又是怎样制作出这幅画的呢？

第16课

拓印画
——我又废物利用

一、课程来源

罗伯特·劳申伯格(Robert Rauschenberg),出生于1925年,是美国著名的波普艺术的代表人物之一。他曾就读于美国的黑山学院,在包豪斯老画家艾伯斯的门下,他开始接受达达主义艺术观念。20世纪50年代时,美国的抽象主义表现艺术盛行,但劳申伯格却对抽象艺术热衷的即兴创作非常反感,他喜欢用报纸杂志上的广告、商标、影视图像、封面女郎、卡通漫画本制作材料等作为创作素材,他几乎把所有可以找到的东西,甚至喂饱的山羊、剪碎的报纸、布料、时钟、摄影照片等一股脑地塞进自己的作品中,再用颜色拓印、拼合和涂抹两下,其目的就是要打破传统的

■ 罗伯特·劳申伯格《追溯我》(Retroactive-I)

■ 劳申伯格的另一幅代表作

■ 罗伯特·劳申伯格《字母组合》(Monogram)

绘画、雕塑与工艺的界限,把日常生活中最平凡的东西,甚至废品与垃圾也当成素材而加以利用起来。就像一块破石头进入诗,它不再是石头,而是意蕴无穷的密码,它呈现时间、历史、命运、毁灭和再生。

1955年,正当三十而立时,他将一只山羊的标本卡在轮胎中,它的脸上被涂上油彩,仿佛是印第安人,又仿佛是被恶作剧了一般。它身处木板正中间,眼中有一丝茫然,又显得颇为尴尬。这件作品充满了荒诞的意味,同时又反映出都市人的现实际遇。此件作品《字母组合》(Monogram)不但受达达主义的影响,还透出一股得克萨斯州的乡土气息,同时也是对于都市底层生活的感受。

在纽约最繁华的曼哈顿,每星期要扔掉上百吨垃圾,而劳申伯格却变废为宝,他看见只要觉得有价值的垃圾,如破报纸、沥青、警察用的木棒、鸟的标本、一把破伞、一面镜子、有污点的明信片、空瓶子、自行车轮子等,这些废物被他黏合在画面上,再涂上颜料,除了拓印、剪贴、拼接外,他还描摹、喷绘、挥洒颜料。劳申伯格将废物利用和抽象主义的行动绘画结合起来,创造了著名的"综合绘画"。

60年代以后,劳申伯格开始把大众图像拼接成大型丝网版画,1970年他创作了《信号》(Signs),他将历史精彩瞬间的照片放在同一张画面上。欣赏这幅作品就像在看一张事件表格。该作品显示最近10年内世界各地发生的重要事件,构成的大众所熟知的"时代符号"。他将事先收集的杂志报纸上的照片剪下贴在画面上,再用颜色涂抹几笔,最后用丝网印刷在油画布上,他将时事新闻图片中最重大的事件照片剪贴、翻拍、重叠印在一个画面上,构成极其集中而又熟悉的时代"信号"。上面有越南战争、暗杀名人事件、肯尼迪的施政演说、太空飞行、月球登陆等,这种以丝网印刷技术创作的《信号》,劳申伯格一共印了250张。

劳申伯格将大众图像拼接成大型丝网印刷版画,对于波普艺术的发展起了很大的推动作用。他的作品就是要打破艺术与生活的界限、绘画与客体的界限、高雅与低俗的界限。他使生活中平凡的东西变成了他的艺术品的重要构成元素,从而极大地拓展了艺术的空间,改变了人们的审美趣味。

二、课程设计说明

时下,许多幼儿教师普遍感到缺乏美术课程资源,他们都希望有现成的图片、影像资料来支持儿童美术教育,这是对儿童美术教学内容的误解,是对当今社会多元文化的视而不见。其实,在我们身边处处都是可以利用的美术课程资源。比如,老师可以引导儿童关注身边平常的物品,让儿童从看似平常的物品中,发现他不平常的意蕴。教师应从儿童的身边做起,从儿童关注的兴趣点入手,找寻有意义的题材,生成相应的教学活动,通过教学活动提高儿童的艺术品位,以新的眼光看待经典艺术和大众文化的关系。

本节课的目标在于引导孩子利用多余的生活用品在纸上拓印,尝试用点、线、面进行构图,并用不同颜色、不同质地的材料创造不同的形式感,在画面上合理安排,表现丰富的内容。

三、教学过程

建议:让孩子了解以下词汇(但不要求完全记住)

丝网印刷版画:版画中的一种,是将颜色进行刮压从网孔漏至纸张上形成画面。它还可以用于印刷广告、包装物、路牌、衣服等。

(一)名画欣赏

(老师先介绍一下罗伯特·劳申伯格的生平经历和主要作品。)

老师:大家看这张画面,上面是些什么人,他们在干什么呀?

老师:请看画面的右下角有一位男人的正侧面像,这人正是美国第35任总统约翰·肯尼迪。现任的美国总统是谁呀?

老师:现在的美国总统是贝拉克·奥巴马。我们再看画面的左上角有一辆吉普车,车上是些

■ 准备工作

■ 将生活中的多余材料利用起来

什么人？他们手上拿的是什么东西？

（老师一边说一边用羽毛指着画面的左上角。）

老师：吉普车上坐的是几位军人，他们手上都拿着枪。我们再看画面的左下角，这是一个什么人呀？他穿的什么服装呀？原来他是宇航员，穿的宇航服。

老师：你能在这张画里找到几个圆的形状，有几个长方形？

（老师带着小朋友一起数一数。）

老师：你觉得这张画是怎样做出来的？画家是在哪里找到这些材料的？

（让小朋友想一想，试着回答后，老师再告诉答案。）

老师：画家劳申伯格是从报纸和杂志上剪下这些新闻图片的，这些新闻图片都是这几年发生的重大事件，劳申伯格将这些图片贴在画纸上，再经过丝网印刷在画布上，共印刷了250张，这是其中1张。什么是丝网印刷版画？就是将颜色经过刮压从网面上漏下，在纸上形成图画。

老师：最近几年在我们这个世界上发生了哪些重要事件？这些事件将会被人们永远记住。

（老师可以提示小朋友这几年在世界上发生的几件重大事件。现在老师用平时收集的生活中多余材料让孩子们尝试拓印画。）

（二）材料准备

1. 生活中多余的材料若干
2. 不同颜色若干盘
3. 素描纸
4. 一些切了一半的蔬菜

（三）创作步骤

1. 老师：今天老师准备了一些平时要扔掉的材料，比如用完卷筒纸后的纸筒、旧海绵、多余纽扣、瓶塞、鸡蛋包装盒、一次性纸杯子、气消了一半的小气球等，大家用这些材料在纸上拓印，形成一幅美丽的画。

2. 老师：大家看，我们将同一个材料反复地向同一个方向拓印，连续地拓印，就形成了图案（Patterns），像不像我们平时看到的花边？如果把一个材料从中心向四周拓印又将形成一个花一样的图案。原来这些生活中多余的材料这么神奇，我们开动小脑筋看谁拓印的图案花样多。

（老师一边讲，一边指着墙上的范画启发小朋友看。）

3. 老师：老师刚才把纸筒的一边剪成了各种不同的花瓣，我们蘸上自己喜欢的颜料，在纸上拓印一下，看变成什么样的花？

4. 老师：我们还可以用小气球蘸上颜料，在纸上盖小毛毛虫，气球每盖一下，就是毛毛虫的一节身子。

5. 老师：现在可以开始了，用完材料的小朋友还可以用老师切开的蔬菜在纸上拓印一下。

（老师和助教走到每个桌子旁，为小朋友辅导。）

■ 步骤1：给材料上色

■ 步骤2：蘸颜料

■ 步骤4：用气球拓印毛毛虫

■ 步骤3：用纸筒拓印

■ 步骤5：用各种蔬菜的横切面拓印

四、学生作品欣赏

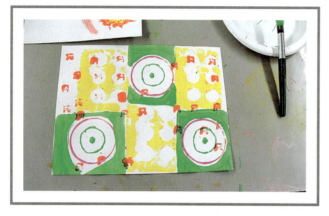

■ 学生作品 1

■ 学生作品 2

■ 学生作品 3

■ 学生作品 4

■ 学生作品5

■ 学生作品6

五、总结

通过自己身边最为熟悉的事物，老师可以引导幼儿将生活中多余的材料利用起来，通过改造、修剪、蘸、描绘等，对即将要表现的事物进行体验和感受。从中进一步熟悉日常生活中已经很熟悉的形态，发现其中的美。让幼儿体验和感受材料的真实性和丰富性，很好地调动了孩子的积极情感。

小贴士：老师平时可以稍微留心一下，收集生活中不同材质的多余材料。带孩子们一起开辟一个材料储备小空间，你会发现，这将在教学中有意想不到的效果。

■ 塞·托姆布雷《黑板画系列1》(Blackboard I)
当你看到这幅画时,你一定认为这是哪位调皮的小朋友用粉笔在黑板上无休止地画圈圈玩,可这幅画在成交时,价位超过了5千万美元,这幅"涂鸦画"也是名画?竟然还卖天价,它的作者真会画画吗?

第17课

抽象画
——表现我自己

一、课程来源

塞·托姆布雷（Cy Twombly），出生于1928年的以大幅潦草涂鸦著称的美国艺术家，是位世纪抽象艺术大师。他画面中看似随意的刮擦涂鸦、凌乱的线条却蕴含着精心的运笔，要么灰灰的色调，要么夸张艳俗的色彩都有着神奇的叙事效果，画面中往下低落的色彩痕迹，因重力的原因往下随意流淌扩散，欢畅无比。那些燃烧的菊花和玫瑰花，叙述着爱、永恒以及思念。在他那奔放的笔触、华丽的色彩、诗意的组合下，他的作品似乎踏上了一条不归路，去寻找那无法克制的感情、期待和梦想。

出生于美国的维吉尼亚州的托姆布雷，12岁时就正式学画，后来他来到美国纽约艺术联盟和北卡的黑山学院学习。50年代的一次北非和欧洲之行对他的生活和创作产生了深远的影响。旅途中他迷恋上了古罗马遗址上的涂鸦和原始部落艺术。就像同时代的罗伯特·劳申伯格从报纸杂志上的新闻图片里寻找灵感，而托姆布雷则被古老的传统和文字所吸引。他不仅复制了许多希腊、罗马造像的拓片，并且精心研究其比例。同时，他将古典艺术的精华融入自己的创作中。这种在古典主义和现代艺术之间的穿梭，使他产生了对艺术跨越时间的思考。

20世纪50年代末时，他干脆把家从美国搬到了意大利。在去意大利定居之前，他应征入伍，当过一段时间的军方译码员，为了快速地破解密码电报并传出信号，他练就了一手速记功夫，这些训练无疑奠定了他日后笔记潦草的绘画风格。

■ 塞·托姆布雷《黑板画系列2》（Blackboard II）

■ 塞·托姆布雷《黑板画系列3》（Blackboard III）

■ 塞·托姆布雷《感伤绝望地看待玫瑰》（Analysis of the Rose as Sentimental Despair）

■ 塞·托姆布雷《无题（牡丹系列）》（Untitled, Peonias-series）

■ 塞·托姆布雷《无题》（Untitled）

这儿还有一个小插曲，托姆布雷喜欢画大尺寸的、比普通人身高还高的大画作，但他无法轻易达到画布的最高处，所以他经常坐在他工作室助理的肩膀上，穿梭于画布前，这使得托姆布雷可以将他那长长的线条画完，不至于中间断开。最初，托姆布雷这些离经叛道的儿童涂鸦和战后美国艺术运动步调完全不一致，因此当时一些评论家说他"胡涂乱抹""放纵的涂鸦""狐假虎威""幼稚可笑"。但他坚持让自己的作品去面对主流社会的批评挑战。最后经过时间的证明，他的创作是严密的思考、叙事、历史、神话和形式主义的结合。他用尽了各种方式来表现他的作品，却并没有因此成为表现派画家，他将抽象表现主义上升到了一个新的高度。他是灯塔式的人物，是上帝派来的天生的艺术家。

1954年以后，线条大量出现在托姆布雷的作品中，无论是在画布上的油彩线条、炭笔线条，或者是简单呈现在纸本上的铅笔线条，都加强了作品本身的隐喻。他喜欢两种最常用的线条，一种是单独地勾勒，这些勾勒的线条具有浪漫主义柔缓、自然的特点。就像他喜欢的枫丹白露画派所描绘的田园风光。还有一种线条像诗歌体的文字，他的绘画经常将诗歌或者类似诗歌形式的文字写上画布，诗歌与文字作为重要的辅助元素被大量引用。

1966年至1971年这一时期，被称为托姆布雷的"黑版画"时期，他用白色蜡笔和灰色烤漆制作了一系列的画，用白蜡笔画成弯曲的线条，这是一种像幼儿画画那样有意思的阶梯状椭圆，他还涂满了字迹潦草的"e"。这些黑板系列表达了他对学校生活的怀念。特别要指出的是托姆布雷在这批画上并没有任何文字，他故意将画面画得很神秘，而不是明确的或可读的。这样就使我们观众必须自己去找寻它的意义。

■ 托姆布雷的作品之一

■ 托姆布雷的作品之二

■ 托姆布雷的个人画展

二、课程设计说明

举世公认的艺术大师毕加索曾说:"我14岁时就能画得像拉斐尔一样好,此后我用一生去学习像小孩子那样画画。"所以很多艺术大师的灵感来源于小朋友的作品。当我们把一些艺术大师的作品与儿童画放在一起,就会发现惊人的相似性,他们都向往自由情感的宣泄,都有着天马行空的想象,对一些技法"熟视无睹",对一些形象"高度概括,随意涂鸦"。他们的共性就是一种天真与单纯的呈现。反之,让小朋友欣赏学习大师的抽象画,抽象画中简洁的点线面构图,极强的主观随意性、概括性,扩大了孩子的想象空间,并减少了写实绘画的技巧压力,经过抽象画训练,小朋友将学会忽视绘画主体的细节,而是归纳一种事物的最典型特征,采用最简洁的手法进行呈现。所以设计出活泼、有趣、易学的抽象画教学课程是专业教师责无旁贷的任务。

本课的目标在于引导孩子利用线条和色彩随意组合画面,解释画面上的颜色,放开自己的想法去表现自己,发展创造性思维。

三、教学过程

建议:让孩子了解以下词汇(但不要求完全记住)

抽象画:就是一般人看不懂的、很难理解的画,强调画面的点、线、面、色彩、笔触、肌理,而不画具体的内容。

（一）名画欣赏

（老师先介绍一下塞·托姆布雷的生平经历和主要作品。）

老师：我们来欣赏美国画家塞·托姆布雷的《无题》。

老师：如果我们不小心走进这幅画里面，会有什么样的感觉？是害怕？好玩？有趣？还是奇怪？

老师：你们看这幅画，是感觉安静呢？还是动荡不安？

老师：想象一下，这幅画像什么样的天气？是下雨天？还是晴天？

老师：如果这幅画会发出声音，会有什么样的声音发出来？

老师：仔细看这幅画，你看到有什么小动物吗？有小乌鸦？小黄鸡？小公鸡？还有其他什么东西？石头、气球、鸟窝、房子？

（老师应一边讲一边指着画启发小朋友想象，让他们积极地回答问题。）

老师：在这张画里，你们看到了什么点？什么线？什么面？

老师：塞·托姆布雷画完这张画后，给这张画起名叫《无题》，很多画家都喜欢给自己的画起名叫《无题》，"无题"的意思是没有题目，没有名字，他们为什么要起这样名字呢？那是为了好让我们观众自由想象。

（现在老师准备让孩子们像托姆布雷一样画抽象画。）

（二）材料准备

1. 水彩画
2. 水彩画笔、水彩颜料
3. 调色盘
4. 洗笔水

（三）创作步骤

1. 老师：今天我们要画一幅抽象画，每个人选择一种自己的感觉，并把这种感觉画出来，比如你可以画高兴的感觉、害羞的感觉、生气的感觉或者是得意的感觉。

2. 老师：我们用什么样的线条去表现你的感觉，比如跳动的线条是快乐的感觉，生气的感觉也许应该是交叉并互相碰撞的线条，好像打架一样。

3. 老师：将线条画满纸，再添加一些水彩颜料，想一想用什么颜色。比如你是用黄色、橙色和粉色表示快乐，还是用黑色表示生气，用灰颜色表示害羞或者伤心。

■ 步骤1：先用铅笔线精心设计抽象涂鸦画的草图

■ 步骤2：尝试用不同的线条表现不同的情感

■ 步骤3：开始用色彩去表现自己

4. 老师：不要害怕去改变你的画，大胆地画。

5. 老师：给你的作品起个名字，不要每张画都叫《无题》，想一想有没有比"无题"更好的名字。

四、学生作品欣赏

■ 学生作品1：柔美的色彩表现了此时愉悦的心情

■ 学生作品2：笔笔见大师风范

■ 学生作品3：像不像抽象风景画

■ 学生作品4：我也画黑板画

五、总结

随着孩子年龄的增长，将慢慢体会到抽象作品的制作与审美过程和画具象画一样，都是要经过一步步的阶段。看似"胡闹"的作画过程却有着极为严格的构成原理。它讲究构思的巧妙、新颖，力求符号化的形与色在画面中的视觉平衡，注重造型的对比、呼应以及内在的整体性，强调画面的节奏和韵律，探索形、色、线和肌理的深刻内涵。

■ 珍妮·安东尼《纸舞蹈》(Paper Dance)
这位美丽的女子将巨大的纸一层层裹在自己的身上,她一边奔跑跳跃和旋转,一边又将纸撕开、抛洒,她是在时装表演还是在跳舞?

第18课

手指画
——小小行为艺术家

一、课程来源

约翰·扣普兰斯(John Coplans),出生于1920年,英国的画家、作家和策展人。1960年移民美国前,他从事过教学、写作、策划和宣传当代艺术等职业。来美国后他任教于加州大学伯克利分校。60多岁时,他悟到:"我决定要成为一名艺术家,我已经受够了艺术史论、艺术批评和博物馆学,但我又不想画画,而摄影是一种构建身份的最好媒介。"和当代许多艺术家一样,他开始思索自己的身体,思索来源于一种普遍的、原始的和直接的无意识的东西。他从自己的身体上发现了艺术的灵感,他开始用黑白摄影记录自己的身体,用一系列黑白摄影对自己衰老的身体进行坦诚的表现。

扣普兰斯通过一台摄像机和监视器查看自己身体的各个部分,再用宝丽来胶片相机,通过自拍的手法记录自己老化臃肿的身体局部。这些身体局部的细节纹理引人入胜,肉体变得有延伸性,表现了一种晚年的凄美。1984年他拍摄了《背部和手》,这是一系列自拍中的一张。作品表现了衰老与阳刚之气,他将自己整个后背当作自拍照的主题,大大颠覆了传统自拍照的观念。

扣普兰斯永远只拍自己,但他从不拍自己的脸,因为他希望自己的作品是匿名的和带有普遍性。而且他从不穿衣服,因为人体不但可以属于任何时间和地点,还可以超越国家、语言和阶级的界限。

他将拍下来的这些照片打印得和真人一般大小。这些大尺寸的黑白照片使他在晚年成了具有国际声誉的艺术家。他的摄影作品和当时80年代的很多以青春甜美为主的商业摄影形成了强烈的对比,并且他的摄影作品是对这些世俗虚荣摄影的一个有力的讽刺。他的作品让我们去思考,是什么让一个身体美或者丑。

珍妮·安东尼(Janine Antoni),出生于1964年的珍妮·安东尼是巴哈马的艺术家。1989年在罗得岛设计学院获得硕士学位,现居住纽约。

她早期的作品都是以自己的身体为雕塑对象,后期作品以自己的身体做行为艺术,如《纸舞蹈》(Paper Dance),她将巨大的纸张裹紧自己的身体然后撕开,再打开抛洒、旋转、弹跳,将纸张、人体与舞蹈融为一体。她还非常擅长利用自己的身体的各个部位:嘴巴、牙齿、头发,甚至将眼睫毛当成作画工具。比如她在一画展现场用自己的牙齿一点点地咬,一点点地啃,咀嚼出两个各600磅的立方体,一块是巧克力,一块是猪油。她说猪油象征着女性的身体,因为通常女性的脂肪含量高于男性。

1992年,她将自己的长发蘸在放染发剂的水桶里,然后在画廊的地板上挥洒、涂抹,她要将她的头发像拖把一样用到极致。

过了几年,她又想出一招,将自己的眼睫毛涂上厚厚的睫毛膏,然后在油画布上眨一眨,将眼睫毛上的睫毛膏眨在油画布上,这幅画起名《蝴蝶之吻》。这幅美丽的抽象画使用她身体最娇嫩的部分画的,有意思吗?我们能否联想到用自己身体的什么部位也来创作一幅画呢?

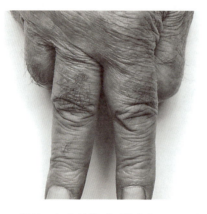

■ 约翰·扣普兰斯《背部和手》(Back With Arms Above)

■ 约翰·扣普兰斯《手指》(Fingers)

■ 安东尼用嘴啃出的巧克力和猪油雕塑

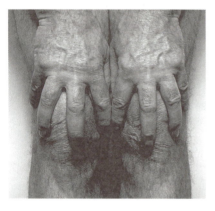
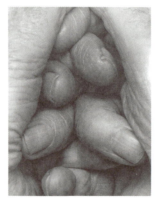

■ 约翰·扣普兰斯《自画像》(Self Portrait)

■ 约翰·扣普兰斯《十指相扣,第18号》(Interlocking Fingers, No.18)

■ 安东尼用自己的头发创作

■ 安东尼正在创作

■ 珍妮·安东尼《蝴蝶之吻》(Butterfly Kisses)

二、课程设计说明

行为艺术听起来相当前卫,常常给人遥不可及、难以理解的感觉,教师们可能会困惑,行为艺术适合引入儿童美术中吗?答案是肯定的。珍妮·安东尼的作品提供了一个行为艺术可以被儿童理解的方式。人类每天都有大量的动作和行为,比如眨眼和吃东西,除了以影像的方式再现,这些行为还可以通过其他方式留下看得见的痕迹,这就是珍妮·安东尼的作品。她喜欢用不同的方式创作作品,借此追寻创作过程本身的意义,她认为这些过程也构成了我们的日常生活。

手指是世界上最灵巧的画笔,儿童手指画最早来源于著名的意大利"瑞吉欧–艾米里亚"(Reggio Emilia)教育体系。该体系的创始人之一马拉古齐说:"一百种语言的孩子,就是指给孩子无尽的方式和机会以尽可能地表现自己,并被允许去探索世界的物质和物品。"就像扣普兰斯和安东尼两位艺术家一样,尽可能地用自己的身体去表现自己的内心世界。

本节课的目标在于引导儿童直接用手指与漂亮的颜料和纸张相接触,培养手部轻重缓急的灵活性,使得触觉、视觉等感官体验得到最大程度的发挥。

三、教学过程

建议:让孩子了解以下词汇(但不要求完全记住)

行为艺术:也叫表演艺术(Performance Art),它是艺术家用自己的身体为材料来进行表演创作。

手指画:直接用手(包括指尖、手指、手掌、手背、手侧面)蘸取适当的颜料,在纸上进行指印、掌印、涂抹等创作绘画。

(一)名画欣赏

老师:小朋友,请看这张照片,拍的是什么呀?

(让小朋友仔细观察。)

老师:原来拍的是一个人的背部,还有他放在肩上捏成拳头的两只手,这个人的背部像墙一样结实。为什么不见这个人的头呢?

(等小朋友想一想,试着回答后,老师再给出答案。)

老师:因为这个人的头是往前低着,所以我们看不到。

老师:你们觉得这个人是年轻人还是老年人?

(让小朋友好好想想。)

老师:这个人呀,是60多岁的英国艺术家约翰·扣普兰斯,他年轻时一直在学校教书,到了60多岁时,突然喜欢用照相机自己拍自己,他拍自己有皱纹的皮肤,发胖的肚子,松弛的肌肉,拍自己身体的不同部位。比如这两张就是拍自己的两只脚和两个手指。

（老师一边讲一边应该用漂亮的羽毛指着扣普兰斯其他几张摄影作品。）

老师：大家再看这张照片叫《十指相扣，第18号》，你们在照片里找一找，哪一个是左手的中指？哪一个是右手的食指？很难找吧！这幅照片里，两只手的10根手指交叉一起，看这幅照片很像我们平时爱玩的一种游戏——"猜指头"。

老师：现在我们再看女艺术家珍妮·安东尼的《纸舞蹈》。这位女艺术家和刚才那位喜欢以自己的身体为模特的艺术家一样，也喜欢用自己的身体来完成艺术作品，这幅《纸舞蹈》是她自己表演的艺术，她将很大的纸张包裹着自己的身体，再一边将纸撕开抛洒，一边跳舞，旁边有人将她和纸一起表演的过程全部拍下来，这样的美术活动叫行为艺术。

老师：大家看这幅绘画作品，上面全是小点点，小点点是怎样画上去的呢？请大家猜猜。

老师：原来小点点是安东尼用自己的眼睫毛画的，她将眼睫毛涂上黑黑的睫毛膏，就像用毛笔蘸上厚厚的黑颜料，再将眼睫毛在纸上或油画布上眨一眨，将睫毛膏眨在纸张和布上，这幅画上的小点点看上去轻轻的、弱弱的，所以这张画起名叫《蝴蝶之吻》。

（二）材料准备

1. 专用的手指画颜料、调色盘
2. 素描纸
3. 黑线笔
4. 工作小围兜和袖套
5. 湿纸巾

（三）创作步骤

1. 老师：请小朋友用自己的一个手指或多个手指在调色盘里蘸上自己喜欢的色彩。
2. 老师：将蘸上色的手指印在白纸上。
3. 老师：在换其他颜色之前，用湿纸巾擦干净手指上的颜色。
4. 老师：你可以先在纸上画出一些简单的线条，然后在线条上添上各种颜色的手指印。比如画一棵大树，可以先用黑线笔画出树干，然后用手指按出手指印成为大树的枝叶。可以根据自己的喜好，用手指将树叶印成五颜六色。

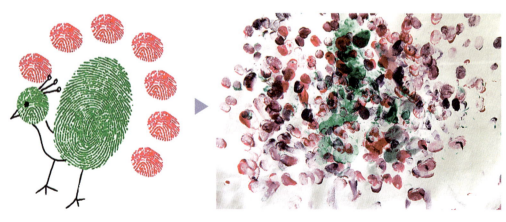

■ 步骤1：用手指盖印具体的图形　　■ 步骤2：用手指蘸着颜料在纸上"弹钢琴"画一幅抽象画

5. 老师：我们也可以用手指画一幅抽象画，比如学过钢琴的小朋友可以将10个手指头全蘸上颜料，在纸上弹钢琴，当"弹"的颜色越来越淡时，再蘸上颜料继续"弹"，最后完成了一幅"钢琴画"。

四、学生作品欣赏

■ 学生作品1

■ 学生作品2

■ 学生作品3

五、总结

　　本课以最简单的手指画，让儿童以手代笔，用手指蘸着颜料在纸上进行按压、涂抹等，让儿童体验手的动作可以形成的艺术效果。教师可借由珍妮·安东尼的创作方式启发孩子用身体动作进行更多有趣的表达。如让孩子们探讨除了本课中尝试的手指动作，手还可以做出哪些动作呢？一个人很生气时手会做出什么动作，有人难过我们想表达关心时手会有什么动作，挠别人痒痒时手又是怎么动的，玩游戏时手会有什么动作……把这些动作的痕迹表现出来会是什么样的呢？除了手的动作，嘴巴也会有不同的动作，嘴巴会有哪些动作呢（可用色素糖通过唇印作画）……这些好玩的尝试一定会让孩子对艺术和行为艺术更有深的感悟。

■ 科妮莉亚·帕克《共享命运》(Shared Fate)
这个可爱的布娃娃,为什么被拦腰截断了?是小猫抓坏了,还是哪个调皮孩子的恶作剧?

第 19 课

玩装置
——这可不是做手工

一、课程来源

科妮莉亚·帕克(Cornelia Parker),出生于1956年,英国著名的装置和雕塑艺术家。她的作品奇妙独特,大胆不羁。猛一看让人震撼不已,过一会儿又让人甘之如饴。

她小时候是在偏远的农场长大,他的父母种植庄稼和饲养动物,小帕克成了父母得力的小帮手。在她的记忆中,童年是在寒冷的冬天用棉麻线捆绑数百个番茄植株,还不得不打扫猪圈和挤牛奶,在这样艰苦的农场工作中,她一边干活一边让注意力从自己的白日梦中分离出来。这为她日后喜欢用"自觉"和"潜意识"来创作作品奠定了基础,而且也使她具有了天马行空的想象力。她曾说:"我认为人的潜意识远比他的意识感知得多,所以我相信潜意识。我创作时只管先完成作品,在创作的过程中我才会慢慢地理解这件作品的意义。"

她的作品是对日常事件和事物的重新解读。比如1991年,一个装有花园用具的小棚最早是放在一个博物馆中,不久小棚被移到一个定点爆破的地方给炸毁了。帕克将这小棚的断木残骸又捡回博物馆中,一个个悬挂在天花板上,仅亮一个灯头以制造出阴影效果,精彩地再现了爆炸分裂的一瞬间。帕克非常善于将这些残根木块悬浮于空间内,高高低低,错落有致,原来每一块残木片是她用从天花板上掉下来的细线悬挂着的,这种视觉上的不连续是微小而易被忽视的,它让观众一看到,就明显感到紧张起来。她似乎在定格爆炸,让时间停止在过去和未来的轨道上。

除了这些爆炸作品之外,帕克还为制作《三十块钱》将一千件银器弄平,这些银器是:盘子、勺子、烛台、奖杯、烟盒、茶壶和长号。所有这些银器都像隆重的仪式一样由压路机在马路上

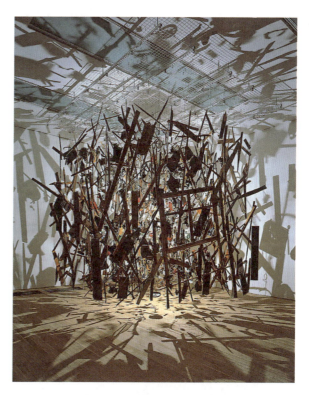

■ 科妮莉亚·帕克《冷暗物质:部分分解图》
(Cold Dark Matter An Exploded View)

■ 科妮莉亚·帕克《三十块钱》(Thirty pieces of silver)

■ 压扁的银器

压平。帕克说这件作品的灵感来源于她小时候喜欢把一枚硬币放在铁轨上让火车压平。银器代表了物质，她想做的是反物质。她用《三十块钱》这个标题，暗示了金钱、背叛、死亡和复活。

在英格兰爱丁堡的国家博物馆里有这样一个断头台，它是1793年处决法国女王的断头台。博物馆的参观者一看到它都感到毛骨悚然。因为在这断头台杀过不少人，而科妮莉亚·帕克就用这个杀过无数人的断头台把一个布娃娃拦腰切断，这个布娃娃是帕克在伦敦的一个购物市场里淘到的一个20世纪60年代的玩偶，这小玩偶就是英国作家查理斯·狄更斯笔下的雾都孤儿。帕克说她要复活和再现历史，再现历史的一个好办法就是虚构一个人物，她让这个虚构的布娃娃和法国女王一样，由一个砍掉无数人的砍刀切成两半的布娃娃去分享同样的命运。这件作品的题目就是《共享命运》。

所以科妮莉亚·帕克的艺术特点就是将毫无价值的东西，常人认为理所当然的东西，甚至阴暗的东西，进行美丽的发挥，并赋予新的含义。

二、课程设计说明

从帕克的创作方法和状态，我们知道了艺术创作本身就是一件快乐和享受的事情，而且艺术作品能够帮助我们"以一种全新的眼光"观看事物。孩子和大师一样，也是通过作品来表达自己的情感和想法。另外，帕克的艺术不但化平凡为神奇，而且还是"场域特定艺术"，也就是说她的作品大都是为特定的地方而做的，不可能永久存放。就像孩子涂鸦画画或做手工，经常是一时兴起，在墙上、地上、门上、家具上都可以"信手拈来"，但"大作"不可能永久保存，只有通过拍照、录像等形式留下作品。

本课的目标在于引导孩子以剪刀代替画笔在纸上造型，剪出瓶瓶罐罐，在窗玻璃上组合排列。能初步感受并喜欢周围的环境和生活的美，对色彩、线条、形体等视觉审美要素具有一定的关注和敏感度。

三、教学过程

建议：让孩子了解以下词汇（但不要求完全记住）

装置艺术：指艺术家在专门的地方，将平常的东西经过选择、改动、加工、组合等方式创作出新的艺术。

静物画：描绘静止物体的绘画，比如描绘花卉、蔬果、器皿、书册、食品和餐具等。

（老师准备让孩子用剪纸的方法，制作窗前的静物画。）

（一）名作欣赏

（老师先介绍一下科妮莉亚·帕克的生平经历和主要作品。）

老师：请看这幅照片上的布娃娃，为什么从中间断开了呢？这样布娃娃会不会被弄疼了？是谁把她弄坏了，你们小时候有没有因为好奇而将玩具分成两半？

（耐心地听小朋友讲解。）

老师：原来这是女艺术家帕克用博物馆里的一个古老的断头台，用像砍刀一样的东西，把这个娃娃切成两半。她为什么要把这个可爱的娃娃切成两半呢？

老师：因为是她为了说明古时候这个断头台杀人的事情。艺术家可以创作很多并不存在的事物，可以创作过去，也可以创作未来。

老师：大家看这张装置艺术的照片，名字叫《冷暗物质：部分分解图》，帕克把爆炸后的残片、碎木块又捡回博物馆里，用细线把这些碎木块悬挂在房间里，高高低低，重新组装成它们在爆炸那一瞬间的样子，好像时间突然停止了。像这样，艺术家在专门的地方，将普通的东西重新布置一番，重新组合，创造出像雕塑但又不是雕塑的作品叫作装置艺术。

（现在老师准备让孩子们在窗户这个特别的地方，用旧报纸杂志创造静物画。）

（二）材料准备

1. 剪刀、透明胶带纸、胶水
2. 旧报纸、杂志

（三）创作步骤

1. 老师：我们今天要集体创作一幅《窗前的静物画》，每个人挑选自己喜欢的一张旧报纸和杂志纸张，用剪刀剪出一个静物，比如花瓶、水壶、盘子、坛子等，再贴在窗户上，和窗外的风景融为一体，形成一幅美丽的静物画。

2. 老师：什么是静物画？就是描绘静止不动的物体的画，比如画花卉、蔬果、盘子、碟子等餐具。

（老师先示范，拿出一张色彩鲜艳的杂志纸张对叠，用铅笔画一个基本形，再用剪刀剪出一个花瓶，用透明胶带纸贴在窗上。）

■ 步骤1：将杂志纸张对叠

■ 步骤2：用铅笔在上面大概画出半个花瓶的轮廓线

■ 步骤4：将对叠的纸张打开，再粘贴在窗玻璃上

■ 步骤3：用儿童安全剪刀沿铅笔线剪下

3. 老师：你们看我先将纸对叠，再剪半个花瓶的样子，一打开就是完整的花瓶了。现在请小朋友开始练习，试着剪出一个花瓶。

4. 老师：我们先在窗上画一条细细的水平线，然后将剪好的物品贴在线的上面。

小贴士：1. 画一个带盖子的罐子，在盖子上画上竖线，再贴上标签。

2. 画上蛋糕托，剪出蛋糕的形状，把它粘贴在蛋糕托的上面。

3. 先剪一个梳子把，然后画上梳齿。

4. 画一蛋盒，然后把剪好的鸡蛋放在盒子上面。

5. 可以把杂志上的食品图片剪下，直接使用。

6. 剪一个花瓶，再剪几条树枝，插进花瓶里。

四、学生作品欣赏

■ 学生作品1

■ 学生作品2

■ 学生作品3

■ 学生作品4

五、总结

　　《窗前的静物画》是集合很多孩子共同的作品排列并置所产生，与单一作品的存在大不相同。就像如今流行的装置艺术、场域特定艺术，艺术家们在特定的环境里，将人类日常生活中的已消费的和未消费过的物质文化实体，进行艺术性的有效选择、利用、改造、组合，以令其演绎出新的艺术形态。所以将孩子们的创作悬挂粘贴在特定场域，还有深沉的意义和用意。这里暗示了一种连接，既连接孩子彼此，也连接大自然与艺术作品。

■ 爱情的背后果真是婚姻的葬礼吗？
你能一眼看出这幅画里的双重影像吗？把这幅画也拿给其他朋友试试看，大家一定都觉得很有趣。

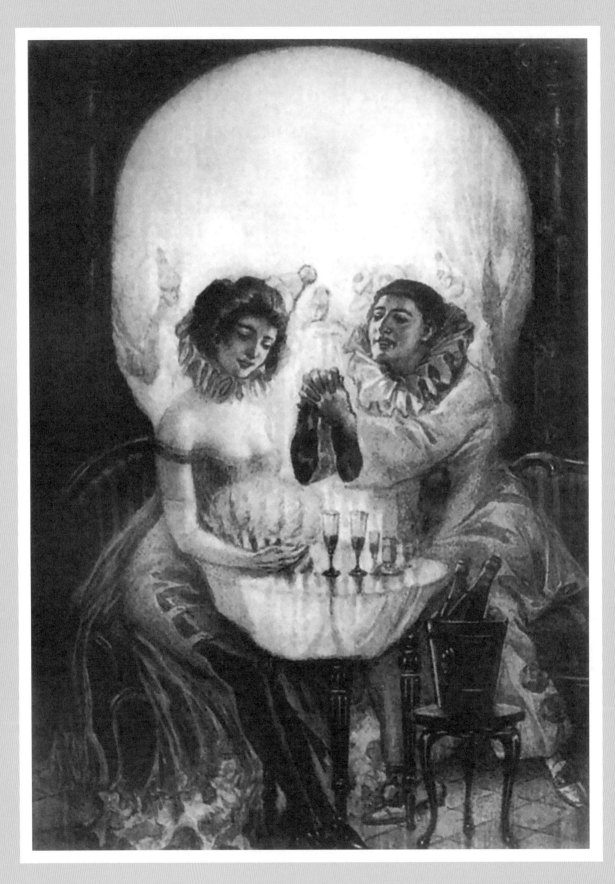

第20课

画中画
——难以置信的画

一、课程来源

世界上有一些神奇的画作,在同一幅画里能看到两种完全不同的东西。因为有的画家喜欢故意在同一张画里巧妙地画出双重影像,比如一盘水果又能看成一张脸,一棵纠结的树又可以看成一位老人的头部。

萨尔瓦多·达利(Salvador Dali),出生于1904年,是西班牙出生的20世纪三位伟大的艺术家之一,和毕加索、米罗齐名。他在视觉上"耍花招"的能力高超,被称为超现实主义画家。他的创作理念,是从精神分析学家弗洛伊德的潜意识和偏执狂的批判方法发展而来。他的作品主题"超乎真实",接近梦与梦魇。描绘的奇妙景象呈现出超现实的世界景象,他迷人的画面充满了视觉上的惊奇效果。

一天,达利看到一张非洲村民的照片。照片中,村民坐在房子外面晒太阳,人物形成的图案给了他灵感,结果他画了这幅奇妙的画。这幅画横着看,是一排村民并排坐着,竖着看是一个人的侧面像。这幅画起名为《偏执狂的相貌》。

1951年,达利构思了他那幅著名的画作《达利和他的裸女脸谱》。为了在摄影技术上更加完美,他邀请美国摄影大师哈斯曼合作。这幅由七个裸女组成的骷髅头的作品是由达利创意,哈斯曼拍摄的。他们俩创造出一个互相融合而又互相对立和抵制的意象,是美女,还是骷髅?是美丽,还是丑陋?是难以抗拒的诱惑,还是难以抗拒的死亡?这件作品将我们引向对一系列有关生命与死亡、快乐与恐惧等深层次哲学命题的思考。达利不但是位画家,同时还是一位心理学家。

■ 保姆背后的神秘嘴唇

■ 萨尔瓦多·达利《偏执狂的相貌》(Paranoiac visage)

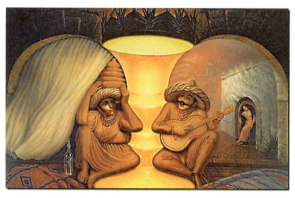

■ 奥克塔维奥·奥坎波《天长地久》(Ever lasting Love)

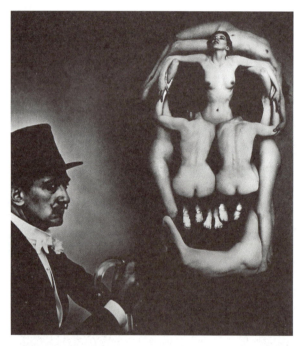

■ 达利和他的裸女脸谱

奥克塔维奥·奥坎波(Octavio Ocampo)。出生于1943年的奥克塔维奥·奥坎波是一位才华横溢的墨西哥画家，他的作品充满了墨西哥的人文风情，除了绘画和雕塑以外，戏剧和舞蹈也是他的专长。奥坎波不但多才多艺，还是位多产的画家，他描绘了很多多重含义的画。他善于以许多细微的图像拼凑出一幅很大的画。远看时，这幅画可能是一位老人的肖像，近看却是小桥流水人家。奥坎波喜欢引导观者先观赏一个整体的图像，然后从中又发现了第2种、第3种图像。

在他的《天长地久》这幅画中，有一位老奶奶和老爷爷彼此对望，他们想起了年轻的时光。那时候他曾拿着吉他为她唱情歌，就因为这动人的歌声让她坠入情网。画面正中的高脚酒杯是他们的爱情之杯。这个杯子充满了金色，表明他们纯洁的感情至今还坚如磐石。他们已度过了幸福的大半生，现在虽然已经年迈，但彼此还深爱着对方。

奥列格·索普亚克(Oleg Shuplyak)。出生于1967年的乌克兰艺术家奥列格·索普亚克和墨西哥的奥坎波一样，也喜欢把场景与人物细致地编织在一起，创作出更大的画像，这些画使形象再现。他在科沃夫一理工学院学的是建筑，所以喜欢用建筑师精湛的技术来创作这些有趣的视错觉作品，看他的画，有时不用眯着眼睛仔细看，就很容易辨别出第二重图像。除了一张代表作《梵高像》外，他还在另一幅蒙太奇画像里，出现了披头士乐队的传奇人物约翰·列侬。

■ 奥列格·索普亚克《披头士乐队的约翰·列侬》(The Beatles' John Lennon)

■ 奥列格·索普亚克《梵高像》(Van Gogh's Portrait)

二、课程设计说明

在很多儿童杂志和书籍中，经常有一个"看一看，找一找"的游戏，就是在一个迷宫似的图画里找出两处完全一样的细节，或者找出一个和另一个不一样的细节。总之，这个游戏是为了培养孩子的观察力、耐心、细心等能力和学习品质。而以上这些有名的画中画，需要我们仔细观察画面不同部分代表着的不同意思，从不同角度去解读这个画面。这些技法即高明其实也简单，即使骗过了观者，观者也觉得很有趣，特别是当孩子们有了新的发现，会更有成就感。这节课我们也学着像这些画家们一样，用剪纸粘贴画的形式去挑战别人的眼睛。

本节课的目标在于引导孩子认识绘画的多样性，培养观察、理解和推理的能力。能够初步感觉平衡、节奏、对比等概念在画面中的应用。

三、教学过程

建议：让孩子了解以下词汇（但并不要求完全记住）

平衡：平衡有两种，一种是对称，该图形的两侧是完全相同或者相似的；另一种平衡是不对称的平衡，从两边看，即使他们不同，但也同等重要。

对比：比较或指出线、形状、颜色和纹理的区别，比如粗线和细线、光与阴影、光滑与粗糙。

节奏：不断重复线条、形状或颜色而形成图案。

（一）名画欣赏

老师：这一幅画是著名的西班牙大画家达利的《偏执狂的相貌》，在空旷的沙滩上，我们看到有一个人的脸贴在沙滩上休息，他睁大眼睛好像在想什么问题。我们再仔细一看，这个人脸左侧的阴影部分原来是一排人并排坐着，他们围绕着的"脸"原来是一团小沙丘，沙丘上的"头发"原来是茂密的树丛。这一幅画原来有两种意思，是两种不一样的景象。

老师：我们再来欣赏墨西哥画家奥坎波的《天长地久》。你们看画面上画的两个人的头像是年轻人的还是年纪大的人的？

（等小朋友思考后回答。）

老师：这是一对老爷爷和老奶奶，他们互相看着对方，心里回忆着年轻时美好的日子。你们知道，他们心里在想什么吗？

老师：我们仔细看看，这个老爷爷的脸原来又是一个年轻小伙子在弹吉他，老爷爷的耳朵原来是一个少女靠着大门，听这位小伙子边弹边唱。我们再看看这位老奶奶是什么组成的？

老师：原来老奶奶的脸就是这位少女组成的，她跟弹吉他的小伙子熟悉以后，就经常面对面地互相唱着歌，后来他们生活在一起，到老了也永不分离。

■ 在黑板上的范图

■ 材料准备

老师：你们看《天长地久》这幅画中间有一个金色的酒杯，酒杯的左边是老奶奶，右边是位老爷爷，这两边是完全一样吗？是对称的吗？

（让小朋友思考一会后，老师再给出答案。）

老师：两边不一样，但感觉很对称，这样的构图就是平衡。平衡有两种，一种是两边的图形完全一样，另一种是两边不一样，但感觉一样重要。所以说平衡是一种感觉。今天我们就要用剪纸的形式在画面里表现构图的平衡、色彩的对比和图案的节奏感。

（二）材料准备

1. 各种彩色卡纸（8开和16开大小两种）
2. 剪刀、胶水、回形针
3. 铅笔

（三）创作步骤

1. 老师：这些漂亮的卡纸有好几种颜色，每人选两种对比强烈的颜色，一种颜色拿一张大卡纸和一张小卡纸，还有一种颜色选两张小卡纸。也就是说，每人一共要拿4张卡纸，一张大的，3张小的。

2. 老师：现在将两张不同颜色的小卡纸重叠对齐，用回形针别好，以免移动。

■ 步骤1：上下两个对称的建筑图案剪好

■ 步骤2：开始剪局部细节

■ 步骤3：准备将剪好的细节粘贴在建筑轮廓上

■ 像不像城堡？

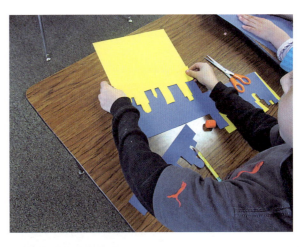

■ 先粘贴上黄色部分

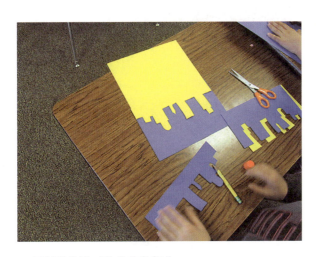

■ 再继续粘贴对称的蓝色部分

■ 给建筑配上窗户

3. 老师：用铅笔在这两张重叠在一起的卡纸上，画一幅城市建筑，或者古代城堡都可以。

（老师先在卡纸上画一幅城市建筑示范给小朋友看。）

4. 老师：铅笔画完后，用剪刀沿着铅笔线剪开，就出现了两个一模一样的城市建筑图案。把这两个一样的图案完全对称地放在大卡纸上。这时我们发现其中一个图案的颜色和下面的大卡纸的颜色是一样的，没有区别。所以就把剩下的一张小卡纸放在这个和大卡纸相同颜色的图案下面，看，对比就出来了。

5. 老师：现在我们用胶水把小卡纸和图案都粘好。

6. 老师：再将剩下的两种颜色的碎卡纸重叠，剪一些小图案，比如：星星、月亮或者小窗、小门等，把两个相同的图案完全对称或者平衡地贴在这幅画的上下，把天空和城堡的细节装饰一下。

7. 老师：作品完成以后，我们把它们摆放在一起欣赏一下，每幅画是不是颜色对比都很强烈，图案上下是不是完全对称的或者平衡？画面是不是不但有节奏感还感觉画中有画？

四、学生作品欣赏

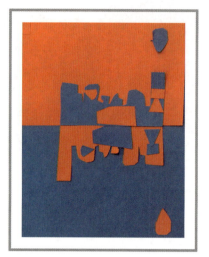

■ 学生作品1

■ 学生作品2

■ 学生作品3

■ 学生作品4

■ 学生作品5

五、总结

　　这堂美术课的教学过程刚好包括了感知体验、探索发现、创作表现、欣赏评讲这四个环节。首先老师引导孩子从优秀的范画开始，进行观察、体验吸收和拓展相关经验，积累视觉语言和符号。这一环节能够吸收优秀艺术作品中的视觉语言、符号，从而潜移默化地影响和帮助孩子对已有经验的回忆和体验。接下来，探索发现是让孩子有机会选择与使用相关的操作材料，让孩子在尝试和探索的过程中发现和了解有关创作材料的特性和一定的操作技法。这时，老师应先给孩子一个自主探究的时间和空间，以保护孩子探索与发现的欲望和本能。接下来在创作表现的第三个环节中，老师应给孩子创设一个宽松自由的创作氛围，鼓励孩子大胆想象，创作出有个性的美术作品，使孩子在一种宽松、自由、快乐的情绪中，按照老师的要求，进行个性化的表达。最后，当孩子的创作告一段落时，老师应为孩子创建一个展示自己作品的机会和环境，并引导孩子相互交流，学会欣赏，共同提高。同伴分享可以让孩子学会关注别人，尊重别人，取长补短。这一环节老师先肯定、赞扬与鼓励，再适当引导建议。引导时，应小心关注孩子的个体差异，以发现孩子的独特性，培养孩子的反思能力。

　　需要说明的是，在实际的美术教育活动中，以上几个环节有时是一环接一环，环环相接。有时是互相交叉、渗透。

图书在版编目(CIP)数据

当代艺术与美国儿童美术教育/顾菁著.—上海：复旦大学出版社，2015.11(2020.8重印)
ISBN 978-7-309-11581-9

Ⅰ.当… Ⅱ.顾… Ⅲ.学前教育-美术教育-教案(教育)-美国-幼儿师范学校-教材
Ⅳ.G613.6

中国版本图书馆CIP数据核字(2015)第148658号

当代艺术与美国儿童美术教育
顾 菁 著
责任编辑/谢少卿　赵连光

复旦大学出版社有限公司出版发行
上海市国权路579号　邮编：200433
网址：fupnet@fudanpress.com　http://www.fudanpress.com
门市零售：86-21-65102580　　团体订购：86-21-65104505
外埠邮购：86-21-65642846　　出版部电话：86-21-65642845
上海锦佳印刷有限公司

开本 890×1240　1/16　印张 10.75　字数 267 千
2020年8月第1版第4次印刷

ISBN 978-7-309-11581-9/G·1486
定价：42.00元

如有印装质量问题，请向复旦大学出版社有限公司出版部调换。
版权所有　侵权必究